LA GLORIA AL ROJO VIVO
DIARIO DE UNA PROEZA

LA GLORIA AL ROJO VIVO

DIARIO DE UNA PROEZA

MANUEL JULIÁ

ENEIDA

Título:
La gloria al rojo vivo. Diario de una proeza

Primera edición en Editorial Eneida: Julio 2010

c/ Valderrodrigo, 4
28035 Madrid
Teléfonos: 91 316 69 52 - 91 373 86 85
eneida@editorialeneida.com
www.editorialeneida.com

Edición al cuidado de Lur Sotuela Elorriaga

Documentación: Miguel de Mulder Rougvie
Hemeroteca: Ángel Jiménez Colado

Editorial Eneida, en su deseo de mejorar sus publicaciones, agradecerá cualquier sugerencia que los lectores hagan al correo electrónico de la editorial:

eneida@editorialeneida.com

ISBN: 978-84-92491-72-8
Depósito Legal: M-32310-2010
Printed in Spain

Índice

23
2
16
5
15
18
22
4
21
17

«(...)el relato de un mes mágico,
de un sueño realizado tras
toda una vida de espera...

Sean bienvenidos a este viaje
con destino a la Gloria.»

Del prólogo de *Juan Ignacio Gallardo*
Subdirector del diario *Marca*

La historia más feliz jamás contada

LA HISTORIA MÁS FELIZ JAMÁS CONTADA

Tal vez sea porque el mundo es como un balón gigante, en el que cada uno jugamos un partido vital, la única forma de entender qué extraños mecanismos convierten el fútbol en un maravilloso delirio colectivo. Es difícil, casi imposible, encontrar una interpretación racional para explicar el magnetismo que desprende este deporte, al que se le ha dado condición real, y que provoca la más perfecta comunión entre los humanos. El fútbol no entiende de razas, credos ni estratos sociales. Tres simples letras, las que forman la palabra gol, crean un lazo mágico de hilos invisibles que enlazan a un mismo tiempo a ricos y pobres, blancos y negros, ateos y cristianos. El gol lo une todo, todo lo envuelve con el precioso barniz de la felicidad compartida.

Lo acabamos de vivir en esta experiencia inolvidable, en este terremoto de alegría que ha tenido como epicentro la lejana Sudáfrica y cuyo temblor sísmico ha alcanzado con fuerza inusitada cada rincón de nuestra piel de toro. El Mundial ha sido una perfecta exposición de toda la carga épica que emana de este deporte. Estamos ante un juego primitivo, rudimentario, anclado en el arcaicismo más romántico, pero que no pierde –incluso gana con el tiempo– su componente de arrebatadora actualidad. Será porque el fútbol es real como la vida misma, con sus alegrías y sus desencantos, sus ilusiones y sus gol(p)es inesperados, sus miserias y sus grandezas, por lo que una inmensa mayoría nos dejamos llevar por sus embriagadores efluvios.

Nunca he entendido bien por qué los escritores e intelectuales han rehusado tradicionalmente trasladar la epopeya futbolística a sus textos. Es un mal entendido ejercicio de distanciamiento en torno a algo indiscutiblemente presente en nuestro día a día. Y baste esta razón de peso para considerar este juego, *per se*, materia obligada para quien pretenda reflejar la realidad. Las ataduras, complejos y prejuicios de algunos, afortunadamente en franca recesión, nos han impedido en múltiples ocasiones disfrutar de la visión artística y poética del más elegíaco de los deportes.

Por eso hemos de felicitarnos de tener entre nuestras manos, aún temblorosas por el éxito mundialista, este magnífico texto de Manuel Juliá. Igual que los futbolistas hacen malabarismos con el balón, Juliá juega con las palabras con la misma precisión y soltura que nuestros heroicos jugadores de *La Roja*. A lo largo de sus páginas, que transcurren con la misma cadencia que los 90 minutos de un partido –ya saben que el tiempo se estira y encoge de manera subjetivamente caprichosa–, revivimos un camino de gozo y de júbilo extraordinariamente narrado. La profundidad de su escritura, en la que cada palabra es como un pase de gol que se cuela en el alma, permite recrear a la perfección las sensaciones y los sentimientos que, de forma colectiva, empaparon durante más de un mes a millones de aficionados. Aquí, amigo lector, conviene hacer una matización: empaparon a aficionados y no aficionados, puesto que un Mundial trasciende de lo puramente futbolístico y alcanza cotas mucho más ambiciosas. Alrededor de cada partido, con la mirada clavada en la pantalla, se reunieron fanáticos y advenedizos, entendidos e inexpertos, fieles y críticos, todos ellos congregados con la sana intención de regocijarse con deleite ante un espectáculo visual que nada tiene que envidiar a cualquier otra expresión artística.

Juliá, con su mirada de observador tranquilo, nos traslada en cada párrafo a una especie de *déjà vu* con el que mantendremos imperecederos nuestros recuerdos. Se dice que el fútbol es un estado de ánimo, y no cabe objetar nada a esta aseveración al sumergirnos en este magnífico relato. Con su prosa profunda y bella, este maestro de las palabras convierte el fútbol en un latido vigoroso. Los que amamos este deporte encontramos en esta obra un riguroso termómetro de nuestras pulsaciones a lo largo del Mundial.

La semilla de la que ha germinado esta obra surgió en el *Café Gijón,* inmejorable escenario cuando de literatura se trata. Aquella tarde de un mayo agonizante, a los postres de una deliciosa tertulia, una idea quedó suspendida en el aire del histórico local. El hechizo del *Café Gijón*, donde un suspiro se transforma en una novela de amor o una simple anécdota se convierte en el embrión de un fascinante argumento, hizo el resto.

Juliá, intrépido y valiente mosquetero de la literatura, sabe que un buen escritor siempre recoge el guante cuando se le cae a alguna de esas bellas damas que son las musas.

De esta forma, se embozó en su capa de artista, desenfundó la espada de su talento y caminó presto a batirse en duelo con este apasionante reto. La cita no fue al anochecer en la lúgubre tapia de un cementerio, sino en su luminosa tierra manchega, bañada a diario por la soleada alegría de la selección española. Me consta que ha llevado a cabo un trabajo febril, impulsado por su apasionado amor por la literatura, para ir desarrollando este relato cuyo hilo conductor lo iba marcando la propia realidad. De ese feroz combate, con el tiempo como enemigo y su ingenio y agudeza como aliados, ha surgido este extraordinario diario.

Como él bien dice, «un escritor no puede ser ajeno a un acontecimiento de esta magnitud». La gloria futbolística no sería la misma si no hubiera un buen trovador que la narrase a los cuatro puntos cardinales. Aquí tienen el relato de un mes mágico, de un sueño realizado tras toda una vida de espera. Yo le agradezco a Manuel, a mi amigo Manuel, que me haya brindado el honor de hacer, con este prólogo, el saque inicial de este fascinante partido. Disfruten cada línea como gozaron durante el Mundial de cada pase de Xavi, cada parada de Casillas, cada regate de Iniesta, cada cabezazo de Puyol o cada gol de Villa. Déjense recubrir por este terciopelo literario que adorna la más bella gesta jamás lograda por la selección española de fútbol. Suban al Olimpo de la felicidad una y otra vez, tantas como deseen, rememorando el golazo de Iniesta, manchego como nuestro cicerone literario y español universal desde ese mágico 11 de julio de 2010.

Sean bienvenidos a este viaje con destino a la Gloria.

Juan Ignacio Gallardo
Subdirector del diario *Marca*

LA GLORIA AL ROJO VIVO

DIARIO DE UNA PROEZA

«Reparé especialmente en Puyol. Tiene unos
ojos amables que esconden,
dentro de su presunta furia animal,
la garra de un marcador implacable (...)».

11 de junio, viernes

LA MAGDALENA DE PROUST

Hace un día oscuro y triste. Cuando ya creíamos que el verano irrumpía, llegaron trombas de lluvia. El tiempo es frío, el paisaje se envuelve en nubes poderosas que aún levantan por las mañanas deseos de rocío en el campo. Si miras la llanura al amanecer no puedes dejar de observar una pespunteada neblina que parece querer ahogar los olivos y las viñas. Da la sensación de que no estamos al principio del verano, sino al final.

–Parece septiembre –me dice Luis, el amigo con el que voy a ver casi todos los partidos del Mundial.

Sí, el tiempo sabe a septiembre, y aunque es casi verano, este día en el que la selección viaja hacia Sudáfrica ha amanecido revuelto y desganado. Si creyera en hechicerías podría pensar que no es un buen augurio.

–El cambio climático, Manuel –insiste Luis mientras observamos la llegada de la Selección al aeropuerto de Barajas, a la inmensa y futurista nueva estación en la que ETA, hace unos años, puso una bomba que arrasó la vida y las ilusiones interminables de un pobre inmigrante.

Luis está a mi lado, apoyado en la barra, metiéndose para el cuerpo un enorme vaso de cerveza que, en vez de caña, él llama «cañón». Los ingleses lo llamarían «pinta», debido al medio litro que le cabe dentro. Al fondo de la barra, pero muy visible por su altura, encima de una repisa algo mugrienta y desolada, el televisor nos cuenta todos los pormenores del viaje de nuestra Selección a Sudáfrica.

Del Bosque, el bonachón, el hombre tranquilo, no pierde la sonrisa. Mira el bullicio que los jugadores levantan a su paso con cierto alejamiento en el que no existe la más mínima brizna de soberbia. Tiene la mirada perdida, ensimismada, rebosando la generosidad y el paternalismo que le caracteriza. En algún momento sonríe Del Bosque a la feria que le rodea, y si te fijas por un momento en ese mensaje profundo que todo rostro esconde, llegarás a la conclusión de que él la comprende, la matiza y a la vez se aleja de ella.

–¡Qué buena gente es Del Bosque! –comenta Luis.

Luego da el último trago a la jarra de cerveza y la posa sobre la barra con un ligero golpe que apenas se oye. Segundo, el camarero del *Bar Juani* suele tener el televisor a todo volumen.

–Es una excelente filosofía de la vida, la de intentar no tener enemigos –le hago la observación mientras veo a Iniesta correr entre el enjambre de aficionados que la policía ha ordenado en dos filas escabrosas, que apenas se mantienen y dejan un pasillo que siempre parece estar a punto de romperse.

–Un hombre sin enemigos es más sospechoso que un hombre sin amigos.

Me contesta Luis antes de pedir con insistencia otro «cañón» de cerveza, aunque luego, viendo la estupefacción de mi rostro y el inminente sermón que sabe va a recibir sobre los valores humanos de nuestro seleccionador, continúa diciéndome:

–Aunque este hombre es la excepción que confirma la regla. Cualquier otro habría puesto el grito en el cielo cuando Florentino le echó del *Madrid* después de haber ganado la Liga. Y Vicente se portó como un señor, aunque alguna que otra vez, por supuesto, dejó patente que con él se había cometido una injusticia.

Apenas he seguido con la mirada los labios de Luis cuando me estaban hablando. Tenía los ojos fijos en el televisor que continuaba insistiendo, con todo lujo de detalles, en el viaje de nuestra Selección a Sudáfrica. Mientras él hablaba, pasaron por el estrecho callejón humano que habían dejado los aficionados, casi todos los jugadores. Reparé especialmente en Puyol. Tiene unos ojos amables que esconden, dentro de su presunta furia animal, la garra de un marcador implacable. La melena, que imagino de león, a veces los esconde y sólo asoma el chispeante brillo de una mirada clara y bondadosa.

A esta hora, el *Bar Juani* está a tope. Observo cómo la gente no le pierde la atención al televisor, cómo unos y otros comentan la llegada de la Selección a Barajas. El último amistoso contra Polonia fue tal abanderamiento del *tiki-taka* como expresión de una belleza futbolística, que las expectativas del país se han elevado hasta casi esa peligrosa confianza que tantos malos días ha conseguido que tengamos.

En este sentido, hoy en los periódicos y en las radios algunos comentaristas han puesto el dedo en esa llaga de la confianza, recordando que si en algo no se puede vender la piel del oso antes de cazarlo es en fútbol.

–¡Otra caña gallego! –grita Luis a un *chavalón* norteño que asiste a Segundo Castuera, el encargado del bar.

El *chavalón* es un cachalote de gimnasio nocturno y diurno. Tiene un cuerpo *Schwarzenegger* lleno de montañas, cañadas y ríos de carne que suelen asistirle en las trifulcas dialécticas, pues cuando dice algunas burradas, en general opiniones extemporáneas y poco razonadas, todo el mundo asiente con escuetos movimientos de cabeza y ojos enamorados. Cualquiera le replica. El *chavalón* tiene unos ojos azules, muy pequeños, con un frío extraño en su mirada que cualquier experto en *casting* de actores seleccionaría para hacer de Hannibal Lecter, por lo menos.

–No soy gallego –le responde el *maciste* a Luis con no muy buenas pulgas.

Luis, mi gran amigo, canoso desde siempre, medio calvo, muy alto, tipo *batusi* pero con porte aristocrático, mueve el mostacho antes de contestar. Cuando hace ese gesto sé que Luis no suele tener activa la neurona de la prudencia y está listo, por tanto, para ser el protagonista de la trifulca más cercana, en la que se encharcará hasta el cuello, cuando no hasta la cúspide abierta de la calva canosa.

Por eso respondo antes de que él le conteste. La ausencia de esa neurona tan fundamental también consigue que Luis no tenga percepción del peligro, razón por la cual es el conductor más temerario que he conocido en mi vida. Aunque el destino, siempre tan juguetón e impredecible, le mantiene indemne después de más de cuarenta años conduciendo.

–No te enfades hombre. Para Luis todos los españoles

somos gallegos. Es una rémora dialéctica que le ha quedado de sus años en Argentina –le digo al mozalbete.

Pretendo contarle algo más de mi amigo, pero el *chavalón* se aleja haciendo gala de su soberbia muscular. En todo caso, ya calmado y sin pendencias en la mirada.

Mientras se va, mira el televisor, y por tanto, de manera instintiva, nos invita a nosotros a hacer lo mismo. La verdad es que la mayoría de los parroquianos tienen la mirada pegada al televisor. Y allí veo lo mismo que enseña un diario deportivo que está en la barra manoseado y lleno de la grasa de una ración de calamares: el *Soccer City* de Johannesburgo.

Es como la cabeza gigantesca de una seta luminiscente. Es un ovni varado en el centro de una ciudad. Un volcán artificial que expulsa la luz del fuego sin el fuego, fuegos de todos los colores, azules, amarillos, verdes, fuegos que inundan la pantalla y son tan hermosos y tan atrayentes que, para cualquiera que nos vea, Luis y yo somos dos personajes abducidos por una nave extraterrestre.

Allí se celebra la inauguración del Mundial. Discursos, bailes, música, colores y más colores, estallidos de estrellas en el cielo y un enorme fogón de luces que quiere deslumbrar al mundo.

–Dos tontos mirando una tele –dice alguien a nuestras espaldas con la boca pegada a nuestros oídos, poniendo su antebrazo encima de nuestros hombros.

Quien así nos sorprende, quien habla con tal delicadeza, es nuestro común amigo Urbano Cerruti, periodista, poeta y mago de las sombras, pues de niño le gustaba mucho que llamáramos a los espíritus. Nunca vinieron a vernos. ¡Menos mal! Porque nuestra mente infantil habría quedado varada en las penumbras de lo desconocido. También de pequeños, Urbano y yo jugábamos al fútbol en las embarradas calles de aquella época llena de hambre y esperanzas.

Muchas veces me pregunto cómo era posible que no saliéramos de aquellos interminables partidos con las piernas quebradas. Eran nuestras piernas fideos de hueso recubiertos de fina y blanca corteza. Cada uno constituíamos nuestro propio equipo. Jugábamos a coger la pelota en la defensa y llegar con ella a la delantera sorteando a todo lo que se encontrara a nuestro paso.

Si lo miramos bien, hacíamos lo mismo que ahora hace Robben. Pillar el cuero y lanzarse como un poseso hacia la portería. Sólo que lo nuestro era más difícil, pues empezábamos en la defensa.

Todos estos recuerdos me vinieron a la cabeza mientras miraba a Urbano beberse la jarra de cerveza de un trago. Me entró algo parecido a lo que le pasó a Proust con aquella magdalena que tan bien nos cuenta, con hermosa y profunda poesía, el poeta Pedro Salinas al traducir la prosa del genial mago francés de la memoria.

En cuanto reconoció «el sabor del pedazo de magdalena mojado en tila que mi tía me daba (...) la vieja casa gris con fachada a la calle, donde estaba su cuarto, vino como una decoración de teatro a ajustarse al pabelloncito del jardín que detrás de la fábrica principal se había construido para mis padres, y en donde estaba ese truncado lienzo de casa que yo únicamente recordaba hasta entonces; y con la casa vino el pueblo, desde la hora matinal hasta la vespertina y en todo tiempo, la plaza, adonde me mandaban antes de almorzar, y las calles por donde iba a hacer recados, y los caminos que seguíamos cuando hacía buen tiempo también vinieron. Y como ese entretenimiento de los japoneses que meten en un cacharro de porcelana pedacitos de papel, al parecer, informes, que en cuanto se mojan empiezan a estirarse, a tomar forma, a colorearse y a distinguirse, convirtiéndose en flores, en casas, en personajes consistentes y cognoscibles, así ahora todas las flores de nuestro jardín y las del parque del señor Swann y las ninfeas del Vivonne y las buenas gentes del pueblo y sus viviendas chiquitas y la iglesia, y Combray entero y sus alrededores, todo eso, pueblo y jardines, que va tomando forma y consistencia, sale de mi taza de té».

Como salió de cualquier refugio perdido de mi memoria el pasado infantil y futbolero, cuando aquella mañana vi a Urbano bebiéndose una cerveza al lado de un televisor que hablaba de fútbol. Y entonces, un mundo ausente emergió de las brasas del olvido apoderándose de mi mente. Dos cuerpos casi sin carne y sin años, y un atardecer... Un balón de cuero con sus hebras sueltas y sus dibujos de arlequín diseminados por los golpes, el agua, el barro y las paredes. Una calle sin automóviles aparcados, con entrada pero sin salida, por eso tiene al fondo una hornacina en un pedestal desde el que nos mira una virgen de yeso que tiene casi integrado en su pecho el cráneo pelado de un Cristo recién vivo.

Y allí, en ese silencio y en esa ausencia, dos mozalbetes sin carne no se cansan de pasarse la roída pelota inventando taconazos, regates forzados, paradas con el cuerpo detenido en el viento, y así hasta el anochecer, hasta que la madre sale al balcón y les dice que dejen ya de darle paradas a la pelota, que suban al templo de la inmejorable gastronomía del hambre, un bocadillo de chorizo pamplonés y media libra de chocolate.

Sí, a mí me pasó algo parecido a lo que le pasó a Proust. Sólo que en vez de con una magdalena, me pasó con el fútbol.

–Bueno, nos vamos.

Luis pagó y salimos para ir a casa.

Somos vecinos, así que nos fuimos juntos, en su automóvil, acompañado también por el profundo pavor que provocaba en mis entrañas su rocambolesca manera de conducir.

Urbano se fue a la autovía, para llegar a su pueblo (que es el mío), a varias decenas de kilómetros de ese *Bar Juani* que tiene una maravillosa televisión de plasma encima de una repisa cochambrosa en la que veremos los amigos algunos de los partidos del Mundial.

EL PODER DE LA HUMILDAD

Pon la radio –me dice Luis cuando ya hemos emprendido el camino.

La enciendo y rastreo por un montón de emisoras intentando encontrar noticias del Mundial. A esta hora, las dos de la tarde, llenan el dial los noticieros, esos programas informativos que nuestros abuelos llamaban *El parte*, abducidos para siempre, ellos sí, por la prosa militar que había en la literatura más predominante de su vida.

La radio de Luis es antigua, como su coche. Es un hombre al que le cuesta mucho desprenderse de las cosas.

–Nada de política, quiero deporte –me ordena en el preciso momento de entrar en una rotonda y comenzar su retahíla de tribulaciones por lo mal que se conduce en esas circunferencias de cemento.

Sigo buscando una emisora deportiva, o una generalista que emita su tiempo de deportes, pero si algo exuda la radio es un mosaico insoportable de anuncios.

–Mira ese capullo, va por el carril interior y quiere que nos paremos todos para que él salga. Pues no lo voy a dejar, que se espere, que yo voy bien.

Él va también por el carril interior. Y aunque le he comentado, muchísimas veces, que hay que circular por el exterior, apenas me escucha porque está convencido de saber más de ordenación del tráfico que la propia Guardia Civil. En su currículum como conductor no sólo tiene todo tipo de multas, sino también las más variopintas greñas a pie de campo, incluso con la seca y sufrida Benemérita, a quien discute con profusión de datos y pericia cualquier recriminación recibida como motivo de su caótica manera de gestionar el volante.

Al fin, en todo caso, salimos de la rotonda y yo respiro como al que acaban de condonar el pago de una hipoteca. Nos quedan como ocho o nueve minutos para llegar a casa. Y está claro que tenemos hambre de Mundial, hambre de saber cosas, de oír declaraciones, de escuchar teorías, planteamientos, estrategias, y sobre todo, de sentir que esta vez sí, que podremos llegar más lejos que nunca, hasta el mismísimo horizonte perdido en donde se encuentran los palacios de la gloria.

–Déjalo ahí –me dice Luis–, es Del Bosque.

Cierto, en una emisora, luego sabremos que es *Radio Marca*, García Caridad entrevista a Del Bosque. Buscábamos oro y hemos encontrado una mina. La pena es que la entrevista está ya finalizando. Pero aún le queda el tiempo suficiente como para que oigamos la palabra prudente, sensata y aleccionadora de nuestro seleccionador.

–Somos un equipo que quiere intentar ser el mejor, pero, de ahí a que lo seamos, hay que demostrarlo, y no sólo con palabras –responde Vicente del Bosque con un sentido pausado de la expresión, como conteniendo las palabras para que no estallen en ningún oído con dureza.

–Pero es normal –añade Caridad con una voz potente y melódica– que esta vez nos hagamos ilusiones. Hemos creado un estilo, y todos los expertos nos dan como favoritos.

–Se ha dicho que lo normal es que España gane –agrega Del Bosque intercalando breves ausencias de voz en su expresión–, pero yo creo que no es lo normal. Por lo menos son siete u ocho las selecciones que ahora mismo están al máximo nivel.

–Pero algo será distinto este año –insiste Caridad intentando que el seleccionador se moje algo en regar esa semilla de victoria que está extendida por todo el país.

Y Vicente se moja, pero como siempre enmarcando todo el fondo y la forma de su discurso en la prudencia:

–Sí, esta vez no es como antes, que la gente sólo iba a participar y se daba por satisfecha –dice el seleccionador mostrando una leve concesión de optimismo.

Ya llegamos a nuestra calle. Permanecemos en el automóvil varios minutos, los que le quedan a la entrevista. Luego Luis aparca, a su manera por supuesto, invadiendo la acera o la calzada, y nos vamos a casa.

Mientras subo a mi amada buhardilla, y abro las cortinas del ventanal, para observar una llanura marrón que agujerean los olivos y las encinas, descubriéndole un verde anémico y cansado, pienso en la prudencia del buen seleccionador, en su deseo de contener una euforia desmedida que siempre, casi siempre en la historia, nos ha dejado con los sueños maltratados y tirados en la cuneta.

Como leo un artículo semanal en *Radio Marca,* al que Caridad ha titulado *El observador tranquilo*, me parece que el mejor servicio que le puedo hacer a este sueño es continuar esa senda de prudencia que ha iniciado Del Bosque.

LO
par

CUESTIONES MÍAS
POR AMALIO MORATALLA

España te necesita

No nos engañemos, **Andrés Iniesta** es una de las piezas clave de esta España de **Vicente del Bosque**. Hasta ahí no es decir mucho, pero pretendo ir mucho más allá

XAVI EL CEREBRO DE LA SELECCIÓN PIDE PRUDENCIA A TODOS

"Me veo más candidato que favorito"

El cerebro de la selección y el Barcelona, Xavi Hernández, aprovechó la mañana libre que tuvieron ayer para acudir a un acto de Sony Ericsson en el que afirmó que se ve "más candidato que favorito" en el Mundial que comienza hoy.

"Nos gusta que nos tengan en cuenta, pero me veo más candidato que favorito. Veo más favoritas a las selecciones que últimamente han con...

todas estas selecciones. Me gusta que nos den importancia y nos reconozcan, pero prefiero más prudencia y cautela", afirmó.

El barcelonista mandó un mensaje a la afición española de que "pase lo que pase que esté con el equipo, con la selección. Lo vamos a dar todo, vamos a intentar ser nosotros mismos y morir con nuestras bazas...

cha empresa y a su vez recibió una 'camiseta-amuleto' firmad por todos ellos.

A Xavi, al margen de cuest... nes como el clima o el estado los campos, lo que le preoc... es que el equipo nacional se mismo, "que demos la ta... que juguem...

E

VILLA EL DELANTERO ...

"Nadie tiene e...

M.L. LARA | Madrid

Iker Casillas y David Villa aseguraron que, a pesar de que España afrontará el Mundial de Sudáfrica "con cautela", en el equipo "nadie tiene en la cabeza" volver sin la Copa del Mundo.

A tan sólo unas horas de que el balón comience a rodar en Johannesburgo, Casillas y David

Villa ... de las ... peto" h... Casi... ción se ... propios ... Mundial" ... va más all... ña "el rest... nen respeto

INVICTA CONTRA SUIZA, HONDURAS Y CHILE TANTO EN AMISTOSOS COMO EN OF...

España nunca ha perdido c... sus rivales de la primera fase

Paco García Caridad, durante la la última entrevista a Del Bosque antes de viajar a Sudáfrica.

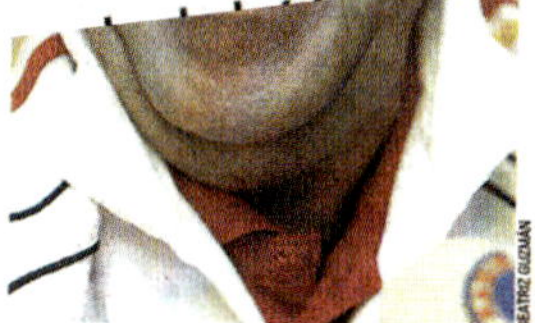

El seleccionador, sonriente ante una pregunta.

... del ... verti... ...ra a Sudáfrica es uno de los centro de interés de la opinión pública y de los innumerable aficionados españoles al deporte. La selección de nuestro país llega a la cita africana quizá con las más alta expectativas de su historia.

No en vano, se alzó con la victoria en la Eurocopa de 2008 y no en vano, desde entonces a hoy, no ha hecho sino ir madurando y creciendo hasta alcanzar el primer puesto en el ranking. El optimismo es, en tales condiciones, el único estado de ánimo posible.

Contamos con una plantilla del máximo nivel que comparte una indiscutible identidad como equipo y un espléndido proyecto conquistado y enriquecido a diario en el campo. Contamos con una inmensa empatía colectiva, con una identificación casi absoluta de los aficionados (y, si se me apura, de los no aficionados) con los jugadores y el seleccionador.

El hecho de que buena parte de los expertos, de dentro y de fuera, incluyan a España, a La Roja, entre las selecciones favoritas es un indicador relevante de que hoy somos, para el fútbol mundial, una clara y evidente referencia.

La selección española de fútbol se ha ganado en el terreno de juego el derecho a aspirar a todo. Y se lo ha ganado, además, no sólo con sus resultados, sino jugando bien, haciendo del fútbol, con nobleza y belleza, un hermoso y espectacular deporte. Hemos aprendido a competir sin complejos y a ganar sin arrogancia. Y así hemos llegado a este comienzo de la Copa del Mundo en Sudá...

los m...

LA E

t

Los ju... exped...

BRUNO LLAMA...

Llegó la h... ñola aterr... mañana ... das de ilus... jetivo: alz...

DEL BOSQUE SE DESPIDE DE LA AFICIÓN EN LOS MICRÓFONOS DE RADIO MARCA

"España es la favorita, pero ahora hay que demostrarlo"

El técnico pide cautela a los seguidores de La Roja • No cree que la selección lo tenga tan fácil para ser campeona del mundo • Cree que lo importante es que llega muy bien

RADIO MARCA

NIEVES ABANCENS | MADRID

Vicente del Bosque estuvo ayer con Paco García Caridad en *El Intermedio*, que se emitió en directo...

Ante la pregunta de quién estará en la portería, Vicente del Bosque no quiso entrar en polémica: "Estamos muy contentos con Casillas, no tenemos dudas...

ha convocado a nuevos jugadores: "Los grupos, de vez en cuando, hay que remozarlos, y esa frescura ha sido buena también para la ...

timos partidos, pero dando prioridad a la preparación: "Se trata de llegar en las mejores condiciones físicas al Mundial. He... adelante y ...nos es llegar ... El éxito se... en momento

...ave para lo... de, según el ...tener la cau... campanas al ... "Si no fue... ningún lado. ...rte en el que ... lo máximo, ...los pies en el

LOS DE LA ROJA UNO A UNO 7/23

JAVI MARTÍNEZ

SOUTH AFRICA 2010 CAMINO AL MUNDIAL

"Si estoy en el Mundial se lo debo a mi madre"

...avi Martínez (Ayegui, 1988) ...se le quita la sonrisa de la ...ca. Tenía todo listo para ...correr la costa Oeste de ...tados Unidos con cuatro ...migos, pero Del Bosque le ...tió en la lista del Mundial y ...verano ha cambiado. ...errizado ya en Sudáfrica, el ...varro echa la vista atrás y ...radece a su familia, con su ...adre a la cabeza, el esfuerzo ...probo que hizo para que él ...y pueda ser uno de los 736 ...bolistas de todo el mundo ...e van a poder contar en ...mera persona lo que es el ...mer Mundial que se disputa ...uelo africano. Ya empieza

Frei juegue el miércoles

...ir al ...par... ...ha ...en-

P.
0
0
0

unos meses, ya con Bielsa en el banquillo, que se saldó con 3- para los de Del Bosque.

Pero el fútbol es mucho má que estadísticas, así que Suiz sueña con arrancarle la primer victoria a España. Ayer aterriz por la mañana en Sudáfrica y po la tarde realizó su primer entre namiento.

El vuelo fue especial para Fre...

...ños c...

LISTAS DE EL MUNDO. Confirmado ayer como nuevo técnico del Inter, Rafa Benítez se estrena también hoy como analista de EL MUND
ndial. El madrileño inaugura la cátedra 'Honoris Causa', por donde, además, pasarán Franz Beckenbauer y César Luis Menotti durante el torne

Iundial de África, el Mundial de España

'HONORIS CAUSA'

RAFA BENÍTEZ

omento de África tras siglos
" sufrimiento». Con esta
...do y manera

IANO TIENE LA VISTA PUESTA EN EL TÍTULO MUNDIAL

a cabeza volver sin la copa"

que en el resto
se percibe "res-
a.
ro que la selec-
o por méritos
pación en el
te asturiano
que a Espa-
iones le tie-

Quizá por eso, el meta muestra confianza en nuestras opciones, reconociendo que "no se van a achantar ante nadie", si bien Villa prefiere ser más cauteloso y reconoce que prefiere "evitar a las grandes selecciones".

De hecho, El Guaje pone nombres y apellidos a sus preferencias. "Tenemos un cruce complicado con Brasil y, si se puede evitar, mejor", dijo.

El combinado nacional tiene la vista puesta en el título, ya que, según Villa, "nadie tiene en la cabeza" volver a España sin la copa, un entusiasmo que remata Casillas: "Vamos a hacer todo lo que podamos por llegar lo más lejos posible", dijo el portero.

Villa, disparando a portería.

REUTERS

AÑOLA ES LA ... ERRIZAR EN SUDÁFRICA

a Roja pisa hoy la erra de sus sueños

ores realizaron ayer su último entrenamiento en Las Rozas con la única ausencia de Iniesta • La salió ayer de Barajas a las 23.30 horas • Desde Johannesburgo se trasladarán a Potchefstroom

selección espa-
Sudáfrica esta
maletas carga-
con un sólo ob-
opa del Mundo

nerado un grupo que hace vibrar a 46 millones de españoles.

Los integrantes de la expedición han vivido las últimas horas con tranquilidad, pidiendo calma, pero sabedores de la confian-

El Secretario de Estado para el Deporte, Jaime Lissavetzky, se personó en las instalaciones de la localidad madrileña a las 19.00 horas para despedirse de todos los integrantes del combinado

Lissavetzky agradeció el compromiso de los jugadores y les pidió paciencia: "No caigáis en la euforia, pero claro que podéis ganar el Mundial, porque sois los mejores. España está en la mejor

La idea era clara para el técnic cansar lo máximo posible a s futbolistas para que durmier durante todo el vuelo.

Los jugadores se desplazar a Barajas para entrar direct

La selección

deporte

España toma vuelo

El equipo de **Del Bosque** salió hacia **Sudáfrica** con la consigna de ingerir mucho líquido y dormir ocho de las 10 horas de viaje

RAFAEL PINEDA
Madrid

Debe de ser impactante sentir el aliento de todo un país encima de la nuca. No parece serlo tanto para Xavi, el hombre que junto a Iker Casillas encabezaba con una amplia sonrisa al grupo de internacionales españoles mientras el secretario de Estado para el Deporte, Jaime Lissavetzky, escenificaba el adiós institucional a la selección en Las Rozas. "No os dejéis llevar por la euforia", proclamaba el dirigente mientras cien-

Se acabó el periodo de pruebas. A partir de hoy ya se disparará con munición de pesado calibre. Tras la sesión de trabajo, los jugadores se dirigieron al hotel de concentración en Barajas, donde fueron llegando a cuentagotas a lo largo de la tarde, con el objetivo de cenar todos juntos y tomar el camino del aeropuerto. Ningún detalle se deja para la improvisación. Los técnicos deseaban que los jugadores llegaran cenados al avión, donde tendrían una misión fundamental: descansar.

«El lugar deseado, la gloria. El camino,
la luz, el fútbol
que ahora comienza tras surcar miles de
kilómetros para llegar a Johannesburgo (...)».

12 de junio, sábado

¿FAVORITOS? NO, GRACIAS

Dado que tengo frescas en mi mente las prudentes, sabias sobre todo, declaraciones de Vicente del Bosque, decido escribir el artículo que leeré el lunes en *Radio Marca* sobre ese asunto. Me preocupa la euforia desmedida que percibo en el ambiente.

Parece que no aprendemos de los batacazos del pasado. Y aunque esta vez sí sea la buena y haya razones fundadas para tener esperanza, cualquier mínimo análisis de la realidad y de los títulos de otros equipos con las vitrinas llenas de copas, ha de llevarnos, sin duda, a transitar por los prados de la prudencia. El lunes siguiente lo leeré en la radio. Busco un título que contenga desde muchas perspectivas ese traicionero riesgo. Lo llamo *¿Favoritos? No, gracias.* Y luego continúo exprimiéndome la cabeza en esa batalla sorda que sucede entre el ordenador y quien escribe:

> *Maradona, de quien echamos de menos los actos de sus piernas y de más las patadas de su lengua, de vez en cuando dice sabias sentencias. Hace poco espetó a la prensa con su verbo impertinente y lenguaraz: No quiero ser favorito en el Mundial porque luego el favorito no lo gana.*

Creo que esta vez lleva razón. Porque ir de ganador a algo tan complicado como un Mundial te genera una presión añadida, te pone en el punto de mira, te puede montar en el coco el cuento de la lechera y al final no te das cuenta de qué pasó, pero te ves en casa y con el cántaro vacío.

La euforia es el mayor enemigo de la prudencia y a veces es la antesala de la amargura. En este país somos muy dados a pasar del cielo al infierno, y viceversa, olvidando que la realidad se halla en la tierra, donde crecen los árboles, nacen los ríos y respiran vida y humo las ciudades.

Además, si me doy un paseo por la memoria, tengo que detenerme en demasiados momentos en los que nuestra Selección aspiraba a todo y luego regresaba a casa maldiciendo al destino y a los árbitros, preguntándose por qué se aspiraba a tanto y se volvía con tan poco. Hasta he llegado a pensar que a nosotros el favoritismo nos sienta mal. Es como una mayonesa con salmonella, o unas gambas con demasiado amoniaco.

Espero que Del Bosque, hombre prudente donde los haya, pueda parar esta euforia galopante. En primer lugar aquí, porque algunos periodistas ya viven la victoria y sólo se preguntan contra quién será. Y también fuera, porque tanta admiración y exaltación es seguro que puede ser una quinta columna que por dentro nos debilite y confíe.

Pero, sobre todo, nuestro mesurado entrenador debe aislar de esta euforia la propia cabeza de los jugadores. Es mejor la humildad que la soberbia. Y debe pasar la patata caliente a otro equipo. A Italia, por ejemplo, que siempre suele ir de tapado, y al final, jamás deja de rozar o ganar los laureles.

Dejemos de soñar, y así evitaremos la posibilidad de tener mañana una pesadilla. Y si al final ganamos, seguro estoy de que la victoria, encima, nos sabrá más dulce.

EL CAMINO DEL ALBA

Siempre hay un camino que lleva al lugar deseado. A veces está tan cerca como la respiración del ser amado que duerme a tu lado. Podrías tomarlo con la naturalidad con la que le besas para aspirar el vaho de su alma, o para atrapar el sudor de sus sueños y guardarlo después en la despensa de tu mente entregada. Otras veces ese camino está detrás de unas montañas que parecen inexpugnables, porque sus cúspides llegan hasta las nubes, y no sabes cómo llegar tan lejos, cómo acercarte hasta donde tu vista alcanza o con qué brújula caminar sabiendo que llegarás indemne. Ese camino será escabroso, o de senda liviana, pero siempre está ahí, respirando contigo, ocultándose y apareciendo, dándote la angustia o la felicidad, pero tan vivo como tu propia sed de sentir que alguien lo diseñó en el vacío para que el vacío tuviera sentido.

Y nuestra Selección ya ha emprendido su camino. Once horas por el viento hasta llegar a donde dicen los evolucionistas que comenzó la narración de esta novela de la existencia. El lugar deseado, la gloria. El camino, la luz, el fútbol que ahora comienza tras surcar miles de kilómetros para llegar a

Johannesburgo un día de invierno que se quedará, para siempre, grabado en el magma de las entrañas, en donde bullen las brasas de lo que no quiere morir.

–Ha aterrizado en Johannesburgo la Selección que va a ser campeona del mundo –anunció Guillermo Gómez Paratcha, el comandante del vuelo 340/600 de Iberia que los trasladó desde Madrid, antes de que por los altavoces se escuchara la bellísima banda sonora de *Memorias de África.*

...Yo tenía una casa en África. La voz de Meryl Streep se oye suavísima a esta hora de la memoria, acompañando las imágenes de unas laderas verdes que todavía acumulan el susurro vital de unos débiles seres que se irguieron sobre los pastos, y al mirar a lo lejos y sentir la belleza del campo abierto y el horizonte, descubrieron que la vida era algo más que el instinto. Todos teníamos una casa en África, donde comenzó el primer sueño que se fue renovando por los siglos de los siglos hasta que, ahora, unos rostros cansados caminan por el asfalto sucio y pegajoso del firme de la pista de aterrizaje, unos rostros de jóvenes, que son nuestros héroes y van a intentar conseguir algo tan difícil como el de quedar victoriosos entre todos los héroes venidos de todos los lugares del mundo.

Corbatas rojas. Miradas ocultas dirigidas hacia el suelo en un gesto de cansancio y meditación. Ojeo el periódico, cualquier periódico, y veo una hilera de rostros sin afeitar con las cejas formando casi un solo arco sobre la frente arrugada, mostrando a los curiosos qué rostro hay que poner cuando se comienza el camino que lleva al lugar deseado.

Un camino que comienza en Potchefstroom, donde las autoridades han previsto que suenen los tambores del tiempo y los guerreros antiguos bailen una danza de la tribu tswana que dejó asombrados a nuestros jugadores. Ya hemos llegado a África, continente donde comenzó ese primer camino que quiso llegar más cerca de los sueños y que todavía sigue formándose con cada uno de nuestros pasos, y nos abre la esperanza de que algún día nos llevará a un lugar inmenso, hermoso, en el que ya no existen los caminos.

OTCHEFSTROOM FIESTA CON ESPAÑA

Recibidos como héroes

El alcalde se puso la camiseta española

Danza tribal para dar la bienvenida

IGUEL ÁNGEL LARA | POTCHEFSTROOM

La selección española fue recibida con todos los honores y tradiciones en la ciudad de Potchefstroom...

El *dumela* (hola) con el que fue recibida La Roja en la lengua setswana, la de la tribu tswana, se convirtió en un sonoro *masego* (buena suerte) de cara a ... Copa del Mundo.

...n necesita que Iniesta rompa ...la negativa en un año ...para él por las lesiones y la ...dos de sus mejores amigos

...úsculo y mente

Potchefstroom
Enviado especial

...un futbolista ...hace mejores ...

...gar sin invocar más fantasmas. «Nosotros creemos que puede estar en condiciones para el primer partido, pero él quiere entrenarse ya, en dos ...

...necesitamos porque tenemos al mejor». Celaya no cita a nadie, pero mira hacia adelante: Del Bosque. Pues ese psicólogo, cuando más delicada podía ser la situación mental del jugador, al sentir de nuevo el dolor, sentenció: «Iniesta está perfecto». Contaba con el manchego para el debut y no lo descartará si no es estrictamente necesario. «Sin Iniesta y con Silva sin ritmo en la Confederaciones supimos lo mucho que esos jugadores significan para nuestro juego», recuerda.

Iniesta tiene una frase mágica: «Yo siempre tengo una jugada más». La explica desde la inteligencia que ha tenido que usar para combatir su debilidad física desde niño. «Una más de las que pensará el rival», cierra. Inteligente e introvertido, su imagen dista de la que ofrece en las ruedas de prensa. Cuando se piensa en las ...

...inauguraron ayer por la tarde el campo de entrenamiento de Potchefstroom, donde van a preparar la primera fase. En la sesión se pudo ver a Iniesta bastante bien.

LESIÓN EVOLUCIONA BIEN, AYER SALTÓ AL CAMPO Y ESTUVO TOCANDO BALÓN

Iniesta llegará a tiempo

GRAN EXPECTAC... MÁXIMA FAVOR... ...Uruguay

M.A.L. | POTCHEFSTROOM

Los jugadores de la selecció... española, prácticamente e... su totalidad, siguieron junt... el desenlace del partido ent... Francia y Uruguay. Despu... de cenar en el edificio centr... del Club de Cricket, el que si... ve para las actividades en c... mún de la selección, los inte... nacionales se quedaron, junt... al cuerpo técnico, viendo e... encuentro que cerraba la pri... mera jornada de la Copa de... Mundo de Sudáfrica.

Mañana, los seleccionados españoles seguirán tambiér... muy de cerca a dos de los que pueden ser rivales en la lucha por el título. Antes del entrenamiento vespertino podrán...

LOS DE LA ROJA UNO A UNO 8/23

CARLOS MARCHENA

SOUTH AFRICA 2010 — CAMINO AL MUNDIAL

"Vamos con más confianza gracias a ganar la Euro"

“Es el Mundial de España; ha llegado su momento”

Senderos

punto contra España sería muy bueno para Suiza. Nos contentaríamos con ello, la verdad.

—A España se la conocerá us-

tud como futbolistas y algunos otros con la experiencia óptima para afrontar un torneo de esta magnitud. Es el momento de

EL COMANDANTE DEL AVIÓN BENDICE A LA SELECCION

“Aterriza la campeona del mundo”

El vuelo roza las 11 horas de duración • Algún jugador recurre a una pastilla para conciliar el sueño • A la hora de tomar tierra suena la canción de ‘Memorias de Áfri

El ‘Chori’ es de acero

El ‘Chori’ Albiol dice que querría ser como Fernan-
o Hierro. Fue su ídolo cuando
de Vilamarxant andaba so-
ando con ser jugador profe-
ional en el Ribarroja. Con su
ermano Miguel y su tío José
uis, los dos futbolistas, siem-
re enredaban con un balón
n las reuniones familiares.
ue uno de esos chavales que
egan un estirón despropor-
ionado y en cadetes le tuvie-
on que ‘enseñar’ a correr con
oordinación. Allí empezó su
podo de el ‘Chori’. El salto
l Mestalla, filial del Valencia,
egó por fuerza y de ahí al Ge-
afe, donde se trasladaba tan
eliz el día que sufrió un grave

VALORACIÓN

- **Duro** en el cuerpo a cuerpo con los arietes rivales.
- **Enérgico** en el corte cuando va al suelo.
- **Salto** extraordinario para defender y subir a los remates a balón parado.
- **Cumplidor** sin frivolizar.

- **Errores** no forzados en acciones sin concentración.
- **Posición** desajustada cuando le coge la espalda el delantero.

suerte y con el éxito, además

04-09-85, Valencia

Año de debut en Primera: 2004

Temporada 2009-10

Compet.	PJ	Min.	Gol
Liga	33	2.843	
Copa	2	180	
Champions	8	720	
TOTAL	**43**	**3.743**	

Trayectoria en Liga

Temp.	Club	Part.	Gol
09-10	R. Madrid	33	
08-09	Valencia	34	
07-08	Valencia	32	
06-07	Valencia	36	
05-06	Valencia	29	
04-05	Getafe	17	
03-04	Mestalla (2ªB)	35	
TOTAL		**216**	

Palmarés

- **1 Copa del Rey** (2008)
- **1 Copa de la UEFA** (2004)
- **1 Eurocopa** (2008)

PERFIL HUMA

- Su tío **José Luis Albiol** fue futbolista profesional y también lo es su herman **Miguel**, en el Murcia.
- Sus padres regentan una administración de **lotería** en Vilamarxant, su pueb en el interior de la provin

«...el tiempo y la desaparición de los sueños será el
camino de casi todas las selecciones que ahora
están en Sudáfrica,
menos una,
que se quedará detenida en el tiempo (...)».

13 de junio, domingo

IBERDROLA

ANÁLISIS DE IKER CASILLAS — POR PEDRO P. SAN MARTÍN

Y EL 1 | **Iker Casillas**, la bandera de **La Roja** en el mundo. El debate sobre **Reina** y **Valdés** se cerró en los partidos previos al **Mundial**. El capitán de **España** garantiza seguridad bajo los palos, experiencia y seriedad. **Del Bosque** nunca tuvo dudas.

La bandera de La Roja

La afición española no es en casi nada tan unánime como en otorgar a Iker Casillas la portería de La Roja. Es el portero con mayúsculas, la garantía máxima de seguridad, el mejor representante de España por el mundo. La bandera de nuestra Selección. El gran portero del Real Madrid alcanzará el mérito de leyenda del fútbol si consigue ganar el Mundial. Todo lo demás tiene a nivel de equipo y Selección. Después de tar el trofeo de la Euroc evidente que Casillas condiciones de hacer l en Sudáfrica.

Desde que salió a t del instituto de Móst 16 años para jugar c drid, la carrera de C sido espectacular. A 29 años, disfruta d durez ideal como gu además de haber f personalidad acor trascendencia soc portero ordenado, tido, experto, enri

VALORACIÓN

- **Reflejos** extraordinarios.
- **Agilidad** para lanzarse de palo a palo.
- **Salidas** uno contra uno.
- **Autoridad** bajo los palos.
- **Experiencia** y aplomo para partidos claves.
- **Frialdad** en penaltis.
- **Por alto** mide

DNI

Iker **CASILLAS**

- **Fecha y lugar de nacimiento:** 20-05-81, Madrid
- **Año de debut en Primera:** 1999

Temporada 2009-10

Compet.	PJ	Min.	GE
Liga	38	3.420	-35
Champions	8	720	-9
TOTAL	46	4.140	44

Trayectoria en Liga

Temp.	Club	Part.	GE
09-10	R. Madrid	38	-35
08-09	R. Madrid	38	-52
07-08	R. Madrid	36	-32
06-07	R. Madrid	38	-40
05-06	R. Madrid	37	-38
04-05	R. Madrid	37	-30
03-04	R. Madrid	37	-50
02-03	R. Madrid	38	-42
01-02	R. Madrid	25	-21
00-01	R. Madrid	34	-37
99-00	R. Madrid	27	-2[illegible]
	Castilla	4	[illegible]
98-99	R. Madrid C (3ª)	26	-3
TOTAL		415	44

Palmarés

- **4 Ligas** (2001, 03, 07 y 08)
- **3 Supercopas Esp.** (2001, 03 y 08)
- **2 Copas de Europa** (2000 y 02)
- **1 Supercopa de Europa** (2002)
- **1 Intercontinental** (2002)
- **1 Eurocopa** (2008)

DOMINGO 13 JUNIO 2010 — MUNDIAL 2010

Todos a una con La Roja

LA VOZ DE LA EXPERIENCIA — POR MÍCHEL SALGADO

España: una ilusión desbordante

¡Qué envidia mas sana siento al ver a los jugadores que nos representan en el Mundial! ¡Qué orgullosos y privi-

lo mejor de sí mismas cuando llegan los grandes momentos y eso es algo muy importante en las grandes competiciones. Tampoco entierro a Portugal,

...er ante Del Bosque, Cesc y Busquets.

...e *Playsta*... sible y con demostrar están equi... as injustas podremos ...ismo Mes... el estilo de

juego de los dos equipos es completamente diferente, aún así sus números con su selección impresionan.

En cuanto a la batalla por demostrar quién es el mejor jugador, está servida entre Cristiano y Messi. Pero en esta lista **Rooney** y **Xavi** están al acecho. No me quiero olvidar tampoco de la tristeza que siento por los jugadores que se han perdido esta gran cita por lesiones de última hora, como han sido los casos de **Beckham, Ballack, Ferdinand, Diarra** o **Nani**. Y es que por desgracia éstos son momentos que no vuelven.

Regresando al análisis futbolístico, sólo me preocupa el estado del césped de los estadios y el exotismo del clima. Creo que España se va a encontrar con adversidades para elaborar su fútbol y con campos más favorables para selecciones sudamericanas. Lo comprobaremos contra Chile, aunque creo que el seleccionador y los jugadores ya habrán tomado nota en la Copa de las Confederaciones.

Al ser mi primera columna espero que los lectores puedan perdonar mis errores. Desde ya comienza la carrera por ser campeones del mundo por primera vez en la historia.

4 — DOMINGO 13 JUNIO 2010 — MUNDIAL 2010 ENVIADOS ESPECIALES SUDÁFRICA

LA COCINA DEL FÚTBOL — POR ENRIQUE ORTEGO

La Roja pisa las huellas del Barça

...juego se cimenta en las mismas raíces • Cinco jugadores comunes en los dos onces • ...a posesión del balón y el juego combinativo, idénticas bases • Sólo falta un Messi

No es algo nuevo. Viene de tiempo. De la etapa de Luis Aragonés. Pero con el tiempo las señas de identidad se per... y la selección cada vez ...más jugando al Barça ...mismos conceptos y ...tos futbolísticos. Pien... ...ren y juegan a lo mis... ...ar jugando lo mejor ...ustando. ...equipos juegan a ser ...ñas de los partidos, a controlar, a tener la ...l balón, a salir con el ...e atrás, a alternar el ...entro y por fuera...

CONTRATIEMPO

El seleccionador pide un césped en mejor estado

A.G. | POTCHEFSTROOM

No todo es idílico en la concentración de la selección española en Potchefstroom. El estado del terreno de juego no es del todo satisfactorio para lo que se precisa en la preparación de una selección mundialista, y aunque la Federación ha estado preocupada por mimar el césped, no terminó de convencer a los técnicos. Por eso, a la conclusión del entrenamiento de ayer por la tarde, Vicente del Bosque mantuvo una reunión con el médico, Óscar Celada, y el director deportivo, Fernando Hierro. Quiso conocer las contraindicaciones de un campo tan diferente y les indicó que deseaba contar con un césped más húmedo, que facilitara el desplazamiento de balón, y menos irregular.

LOS INTER...

...MESAS EN EL CASO DE SER CAMPEONES

"Si ganamos el Mundial..."

Escriben en un papel lo que harán si consiguen el título • Sólo se dará a conocer si Casillas levanta la Copa del Mundo • Los sobres con los secretos de los jugadores se abrirían al día siguiente de la final

M. ÁNGEL LARA | POTCHEFSTROOM

No podía ser de otra manera. MARCA apuesta por repetir en el Mundial la fórmula del éxito de la pasada Eurocopa. Dos años después de la cita de Austria y Suiza...

LOS EQUIPOS QUE NO AMABAN LA BELLEZA

Árbitro de las desesperaciones es el tiempo. Si nos ponemos más dramáticos, la muerte. Así la llama Shakespeare en una de sus sagas sobre los reyes ingleses. Y el tiempo y la desaparición de los sueños será el camino de casi todas las selecciones que ahora están en Sudáfrica, menos una, que se quedará detenida en el tiempo diciéndole a la historia que es lo más parecido a la eternidad.

Sólo quedará una, y todos deseamos, y por primera vez pensamos con cierto criterio técnico, que será la nuestra. Sé que se debe luchar contra la euforia, pero siento que hay una enorme ilusión colectiva por esta Selección que ha hecho un fútbol sublime no sólo en la fase de clasificación, sino también en los partidos amistosos.

Sólo existe el borrón del partido contra Estados Unidos en el *Mundialito*. Aquel fracaso lo vemos como un accidente inocuo. El campeonato carecía de importancia. Aunque también es cierto que aquella manera de jugar de Estados Unidos, cercando su área con un bosque de piernas, buscando superioridad en las bandas, con la obsesión irreductible de ahogar a un equipo generoso con la belleza futbolística como el nuestro, puede ser un peligroso camino para ganarnos.

La laboriosidad gana al arte. El empeño al genio. El espíritu voluntarioso al talento. Fue triste ver a un equipo mediocre como aquél ganar un partido a una selección tan admirable como la nuestra. Aquello, aunque no tuvo importancia debido al escaso valor del título, sí pudo ser la senda que se muestra a los mediocres para ganar a los genios.

Aprender a destruir. Perseguir la belleza para que cuando esté cansada y débil por el esfuerzo, sea posible clavarle un aguijón inesperado en un golpe de fortuna y velocidad al contraataque.

Cuidado –pensaba–, que así ganó Mourinho al Barça en la *Champions* y mostró al mundo un camino para destruir el toque con la rudeza de la defensa.

En mi próximo artículo de *Radio Marca*, como ya he comentado, voy a insistir y a desvelar hasta la extenuación ese peligro.

Y cuando vuelvo a leer *¿Favoritos? No, gracias,* para darle el último retoque, levanto un momento la vista del papel y recuerdo la razón de que lea artículos en *Radio Marca* y de que escriba algunos en el diario *Marca*. Destapo las cortinas de mi mente para encontrar el escenario de la memoria. Y allí viajo varias semanas atrás.

TIMA DOBLE SESIÓN. *La Selección española se ejercitó ayer en sesión matinal y vespertina, algo que cambiará hoy mismo ya que La Roja sólo entrenará por la mañana.*

Del Bosque no arriesgará con Torres ante Suiza

niesta evoluciona favorablemente y ...

AQUÍN MA...

"Vuvuzelas' no, por favor"

La organización pide a los aficionados que no usen las trompetas para permitir a **Del Bosque** comunicarse con sus jugadores

L. MARTÍN
Potchefstroom

Un grupo de jóvenes cantaba para las cámaras, otros bailaban con la sincronía de los sudafricanos, y cerca, dos chicas *afrikáans*, rubias y lozanas, paseaban con garbo convencidas de que su traje negro era muy flamenco y su sombrero cordobés.

En el campo, entrenaba España. No estaban Xabi Alonso, Xavi, Busquets y tampoco Piqué, en el gimnasio con el recuperador, porque se decidió darles descanso. La grada cantaba y bailaba. Pero no había ni una sola *vuvuzela*: Del Bosque pudo trabajar en paz.

La *vuvuzela* es una suerte de trompeta de plástico, que imita un ancestral instrumento con el que las tribus se citaban a reunión. Dicen que imita el sonido del elefante y otros lo relacionan con el ruido con el que los trenes anunciaban la llegada a los guetos de Sudáfrica. El caso es que en la pasada Copa Confederaciones sorprendieron a los equipos participantes. "Te vuelves loco, sentado en el banquillo", dijo Güiza. Algunos equipos sondearon a la FIFA la posibilidad de prohibirlas en el Mundial, pero el comité organizador avisó que podría interpretarse como una falta de respeto. De hecho, es la banda sonora del fútbol en muchos países africanos. "Les decimos que el entrenador se está quedando afónico, que pueden ver el entrenamiento y que por favor, *vuvuzelas* no", explicó ayer uno de los miembros de la seguridad privada contratada por la organización local. La federación española asegura no saber nada del tema. No está obligada, por otra parte, a abrir los entrenamientos al público, podría cerrarlos como han hecho varias selecciones. Pero se ha decidido que no. Así que hubo bailes y cánticos. pero sin *vuvuzelas*. Y Del Bosque, tan feliz de poder comunicarse con sus jugadores sin desgañitarse.

Niños con *vuvuzelas* en el entrenamiento de España. / ALEJANDRO RUESGA

POR **RUBÉN DE LA RED**

E... espíritu ganador de La Roja

Arranca nuestro Mundial. Digo nuestro porque jamás hubo un sentimien...

equipazo—, para Inglaterra —más competitiva con Capello—, para Argentina —con Messi tiene que ser favorita a la fuerza—, para Holanda —grandes individualidades—, para Alemania —por tradición— y para Italia —un hueso siempre.

UNA GRAN PLANTILLA

Lo que más me gusta de España ...

una es realmente fue... Bosque lo ha interpre... perfección y se ha inte... la perfección en la fami... Roja. Ha respetado el ... los cambios que ha he... ha realizado con natu... Valdés es el mejor ejem... temple con el que se ma... dos días zanjó el debate.

Pero tampoco podem...

LA COCINA DE DEL BOSQUE

El hombre de los seis Mundiales

El 'fisio' **Miguel Gutiérrez** se estrenó trabajando para **Inglaterra** en 1982

L. MARTÍN, **Potchefstroom**

Miguel Gutiérrez, fisioterapeuta de España. / ALEJANDRO RUESGA

LUIS ...
Potc...

"Le... ca k... el c... cria... vi ... David Jiménez Silva, Silva sin más para el mundo del fútbol.

El "nosotros" se refiere a él mismo, a Cesc, a Busquets, a Iniesta, a los hombres que dan estilo a la selección española de fútbol a las órdenes de Del Bosque. A efectos futbolísticos, en la roja es el quinto Beatle, porque ... y nadie diría

SELECCIÓN FALTAN 3 DÍAS PARA EL DEBU...

IESTA YA SE ENTRENARÁ HOY CON EL RESTO DE SUS COMPAÑEROS

Vicente, tú decides

...nico hará el once pensando más allá del duelo ante Suiza • El jugador se siente cada vez mejor y ... es jugar • Hoy la FIFA explica a los jugadores las normas para hacer una paradiña en los penalt...

...ARA | POTCHEFSTROOM

...Bosque empieza a en... ...zas de cara al debut ...n el Mundial de Sudáfrica, pero también con la mira puesta en lo que va pasar a partir de ese momento. El seleccionador había ido moldeando el once inicial en los partidos amistosos y todo parecía casi decidido hasta el momento en el que Andrés Iniesta pidió el cambio en el amistoso frente a Polonia.

Tras las primeras pruebas que se le realizaron al jugador en Barcelona se dejó claro que no estaba descartado para el estreno de España ante Suiza. Sin embargo, la frecuencia de lesiones muscu...

cuando lleguen lo cruc... que casi todos dan por ... esté a pleno rendimie... cuanto esté a ese nivel, re... rá su sitio en el once titul...

Por otro lado, los jugad... pañoles, que hoy sólo tien... sión de entrenamiento po... ñana, recibirán por la tar... sita de los delegados de la... algo que ha pasado con to... equipos del Mundial.

Se les explicarán aspect... males de la competición ... bién qué se puede hacer y ... si en un penalti el lanzado... por realizar una paradiñ...

LIN
FRANK
KSC
HAUPTSTAD
GAMMERTIN
15
8
18

FIFA
SONY

«La Selección ha comenzado el partido con
sus toques y ese ritmo que anestesia y consigue
que los contrarios se olviden
de que saben tocar el balón».

16 de junio, miércoles

NIEBLA TABAQUERA

El *Bar Juani* está en todo su esplendor. Las mesas repletas de parroquianos, la barra tumultuosa y el restaurante interior, en donde Segundo ha puesto otra tele, parece una sauna gratuita en la que dejan pasar a la gente con la ropa puesta. En aquel gozoso tumulto Segundo es como una estela que transita vertiginosa de la barra al salón, adonde toquetea el enorme televisor de plasma, hasta que luego se retira chocando con unos cuantos a los que arrolla de espaldas, para quedarse un rato con el mando en las manos pasando canales. Ojos que van al mando y lo revisan, toques previos llenos de dudas hasta que surge el imperio del dedo que realiza el hechizo de mandar sobre la imagen.

El plasma se llena de todo lo que buscaba el dedo emperador de la tecnología. El césped perfecto estallando su verdor por el acoso de las luces, las gotas de agua que van bajando por la yerba hasta encontrar la jugosa protección de la tierra, el graderío ya casi lleno y con todos los colores de África en los vestidos de los negros, que acumulándose con los rojos hispanos y los blancos suizos, crean un cuadro abstracto que se ve misterioso y genial desde el cielo.

–Es la hostia la alta definición –me dice Luis en el oído.

Varias imágenes que han captado del público son tan perfectas que se ven los rasgos diminutos de la piel o de los vestidos. Las pecas de una joven suiza que, con sólo una mirada a la cámara, de tanta belleza como tiene, deja por una vez mudas a las vuvuzelas. Los pliegues y los brillos de las banderas, el toque a cámara lenta de un jugador mostrado plano a plano, tan despacio que es posible ver cómo se encoge y se dobla el duro balón al ser golpeado.

Segundo, una vez sintonizado el canal, continúa su tránsito de estela entre la multitud, separando cuerpos a los que moja con el sudor desmedido y arrollador de sus axilas. Creo que fue a mediodía cuando soltó la sal mojada de sus poros. Todavía está chorreando esa agua de mar que tenemos dentro de la corteza del cuerpo.

–Avisa si viene Segundo, que tiene el aspersor abierto –nos dice Urbano después de encender un Marlboro y echar el humo hacia el techo.

Todo el mundo fuma, por eso es niebla tabaquera lo que se ve en ese techo que parece blanco, siendo azul su escayola, como el cielo preso. Esa niebla alta está esperando que la salida de humos del *Bar Juani* se digne a entrar en batalla y consiga expulsarla. Pero no será fácil, pues aunque funcione una refrigeración que no suele funcionar, la densidad de la niebla es grande ya que se le han unido, de manera matrimonial, tufos varios que son la enseña odorífera de nuestros bares: el olor de los calamares fritos, el tufillo horadante de los langostinos o el viento de grasa caliente de las croquetas recién hechas.

El día, fuera, se aleja placentero con un sol limpio que se resistía a venir.

–Cinco minutos, coño, ya no queda nada –comenta Luis gritándome, porque en ese momento sólo quien domine el lenguaje de los sordos y los mudos puede saber cuáles son los contenidos de tantas conversaciones como hay, al cabo convertidas en una única multitudinaria que sucede en un idioma inteligible.

Es un idioma lleno de pugnas verbales. Uno eleva la voz, y otro, que siente que no le oyen, quiere hablar más alto que el uno, y entonces el uno, creyendo que no le oyen, eleva más la voz que el otro, y así una y otra vez hasta un infinito en el que el ruido se instala en una normalidad que vence cualquier posibilidad de resistencia o conocimiento.

A toda esta bruma de gargantas competitivas se une el sonido del televisor. Los anuncios son el bocado previo al inicio del partido, esperado como nunca, pues nuestra Selección, y la de Suiza, son las únicas que quedan por debutar.

Sin embargo, de ese lenguaje colectivo incognoscible llegan a nuestra posición de vez en cuando palabras perdidas, breves señales que emergen mostrando el ánimo que invade a los más de cincuenta espectadores que estamos esa noche en el bar. *Petit suisse*, segunda división, cuatro goles o pobrecitos son palabras que se abren paso por el barullo para llegar anónimas y cansadas de luchar por su existencia.

Como preveía, el ánimo está por las nubes, por las nubes tabaqueras, nunca mejor dicho. Si alguien dijera que levante la mano quien crea que España no va a ganar este partido, todos seguirían con sus manos encima de la mesa, pelando gambas, agarrando jarras de cerveza que el *chavalón* va dejando por las mesas sin tiempo para reponer, debido al alto ritmo de aspiración cervecera. Otras manos seguirán rascándose la cabeza u otras partes del cuerpo, que en este país libre uno hace con sus manos lo que le da la gana.

EL DÍA DE LA PESADILLA

Y comienza el partido. Las gargantas se amansan y se quedan hibernando en un murmullo que expulsa burbujas de expectación con ausencia de recelo. Cuando Piqué está a punto de marcar un gol, parecido al que le hizo al Inter, en aquel malhadado partido de la *Champions,* el invencible tono del murmullo se eleva infinitos baudios, se ve que la gente está deseando gritar con toda la fuerza de los pulmones la palabra gol, y romper los cristales gordos del local con la fuerza del sonido, y levantarse de la silla con los brazos abiertos y chocarse la mano con el compadre y darle un abrazo que esta vez, con la de hipocresías que hay en la vida, será a conciencia, verdadero.

La Selección ha comenzado el partido con sus toques y ese ritmo que anestesia y consigue que los contrarios se olviden de que saben tocar el balón. Pero en este caso hay mucha danza y poca caza. Falta esa efectividad letal de la Eurocopa. Torres tiene el aguijón cortado y eso el equipo lo nota. Además, la desgracia, que es experta en invocar pesadillas, le ha dado por venirse a nuestro lado y por eso se produce un gol de los suizos lleno de carambolas, choques y despistes.

Hay que verlo varias veces para saber qué narices pasó. Cómo pudo aquella pelota acabar en las redes de Casillas. Y del resto del partido, poco que decir. Si alguien tiene grabado el de Estados Unidos, que lo vea y tendrá su propia crónica en imágenes.

Los rostros de la gente, cuando finaliza, están poseídos de incredulidad y amargura. Las palabras que emergen del murmullo suenan a viejos tiempos. Ha vuelto la España del casi. No tenían que haber quitado a Luis. Sin goles no hay paraíso –dijo alguien–, y Luis, Urbano y yo nos miramos serios. No queríamos hablar, sólo irnos a casa a escuchar qué decían los comentaristas de uno y otro pelaje en la maravillosa pantalla del televisor familiar, que aunque no tiene alta definición, su vida sucede envuelta en un silencio que te permite meditar mientras escuchas.

adidas
5
adidas
15
5

3
15

«Xavi no juega al fútbol, es el fútbol, es la creatividad
pura del fútbol...».

«...se marcha hacia la portería, sorteando
postes, en un maravilloso eslalon que rompe las leyes de
la física, pues no parece
que vaya sobre el césped, sino levitando...».

26 de junio, sábado

LOS PÁJAROS DE LA MEMORIA

Veo golondrinas volar en la tarde de verano. También otros pájaros que despliegan sus pequeños cuerpos coloreados por las chimeneas y los balcones, deteniéndose como si fueran ajenos a la ley de la gravedad. Quizá son colibríes, o quizá no, se detienen demasiado tiempo en el aire. Desde mi imaginación los veo como osados diosecillos que están fuera de este mundo, y que, de vez en cuando, aparecen para mostrarnos los colores del paraíso.

Recuerdo que viendo volar a las golondrinas en el verano le entró a Roland Barthes un ansia de eternidad que relacionó enseguida con el deseo de sentir imposible la muerte de su madre. ¡Qué barbarie no creer en las almas, en la inmortalidad de las almas!, escribió en su *Diario de duelo.* Decía creer, pero lo que quería decir era sentir, porque más tarde, cuando la fuente del racionalismo comenzó a formarle la fotografía de la vida, no pudo dejar de decir ¡qué imbécil verdad es el materialismo!

Sí, que imbécil verdad. La verdad sin alma, una verdad que nos deja insatisfechos, y aunque es cierto que nuestra mente tiene sus propias reglas racionales de funcionamiento, entre ellas están también las de no poder sentir la verdad sólo material, porque esa verdad nos hace demasiado pequeños e incompletos, y no podemos ser así, porque el honor, el amor, la amistad, la grandeza de vida, la belleza, el arte y otras muchas cosas se escapan de las ataduras estrechas de la razón.

Barthes veía volar las golondrinas y sentía que él volaba también con ellas hacia el lugar incognoscible en el que pudiera encontrarse su amada madre. El hecho de ver a los pájaros viajar libres por el viento, hasta perderse más allá de donde llegaba su vista, le generaba dentro el sentimiento de que algo de nosotros es como los pájaros. Algo de nosotros vuela, algo nos aleja del sitio en el que estamos y nos da la posibilidad de acercarnos a los lugares más lejanos en el espacio y en el tiempo.

Son los pájaros que viven dentro de nuestro cerebro, en nuestra fantasía, en nuestra imaginación. También son los pájaros de la memoria, gigantescas aves que permiten que nos montemos en ellas y viajemos hasta el lugar del tiempo que desee nuestra cabeza. Volamos hacia allí y vemos las historias que todavía no se han muerto y que quizá estaban esperando que regresáramos algún día para conocerlas de nuevo.

A esos pájaros de la memoria me subo. Quiero ver de nuevo a aquella Selección española que enamoró al mundo con un despliegue de fútbol y arte, capaz de convencer a los más enconados enemigos.

Durante la *Eurocopa* escuché a un periodista italiano decir que nuestro equipo parecía un grupo de niños jugando al fútbol en el parque, vigilados por el abuelo, que entonces era Luis Aragonés. Jugaban por jugar, por sentir el juego y su belleza lineal y posesiva, se sentían juntos un solo ser, y cada uno el miembro de un jugador gigantesco, partes de un todo que sabían, sin duda, cuál era su función en el conjunto.

Y ahora, cuando ya han pasado los partidos de Honduras y Chile, y hemos ganado con armas desconocidas, pero válidas, quiero volver con el pájaro de la memoria a aquel tiempo, para sentir nostalgia, y para saber que si esa identidad pedida vuelve, volveremos a encontrar el retrato exacto de aquellos jugadores.

Me encuentro el cuerpo de un Iniesta pálido, más pálido cada día, con la humildad reinando en todo su cuerpo, a pesar de que pocos jugadores en el mundo del fútbol puedan decir que son mejores que él.

No lo he visto estos días. Aquel Iniesta que me recupera el pájaro de la memoria no está todavía en los partidos. Pero sé que vendrá, quizá contra Portugal o contra el Alemania, previsible cruce en semifinales, y como sé que vendrá, puedo realizar ya una crónica exacta de su juego.

Es pequeño, listo y ágil, sin centro de gravedad. Por eso aguanta todas las tarascadas de los forzudos defensores y sabe esperar al último momento para driblar el misil que le llega a la espinilla. Luego se marcha hacia la portería, sorteando postes, en un maravilloso eslalon que rompe las leyes de la física, pues no parece que vaya sobre el césped, sino levitando.

Su cuerpo pequeño se cuela por las rendijas de la defensa y el portero se echa a temblar pensando que va a llegar hasta sus barbas.

Y estoy esperando también a Xavi. Cuántos absurdos debates sobre su posición en el campo, en si recibe de frente o de espaldas, si le sirve o no como acompañante Xabi Alonso o echa de menos la guardia pretoriana que le dirigía Senna con los defensas, liberándolo de todo lo que no fuera crear.

Lo seguimos esperando, pero sabemos que vendrá en cuanto se suelte los hilos de las entrañas, esos que hacen nudos en el estómago y no le dejan a uno ser como es.

Y ahora lo veo, montado en mi pájaro de la memoria, en ese tiempo de hace dos años. Sus giros con el balón, el trote lento, rápido si es necesario, con la mirada al frente, realizando la topografía de todo el campo, mientras tres o cuatro contrarios no saben qué narices hacer para quitarle la pelota. Si cuando parece que va a un lado sale por el otro. Si cuando parece que va a avanzar se repliega, y cuando le rodean, suelta una pared y deja a los opresores en calzoncillos observando que, donde antes estaba Xavi, ahora hay un vacío. Porque Xavi ya se ha ido hacia la portería y está a punto de meter un pase. El balón va a ir por donde no cabe ni una canica, como hizo con el que le dio a Torres en la final contra Alemania.

Xavi no juega al fútbol, es el fútbol, es la creatividad pura del fútbol, por eso inventa movimientos de los que el fútbol se enamora y los cataloga ya para siempre dentro de su enciclopedia de gestos.

Xavi vendrá, lo esperamos. No tiene nada que ver el sistema con su ausencia, porque Del Bosque mantiene el mismo con ligeros retoques. Sólo ocurre que está en fase de creer en sí mismo, y como cada vez su figura va siendo más grande, volverá a encontrarse y desaparecerá la dolencia de buscarse en el campo.

Y ahora el pájaro de la memoria busca a Torres y se para en la altura, sin poderse caer, porque vive en un sueño y montado en él puedo ver al del Liverpool desplegando su potencia, exultando su velocidad de pistolero que saca antes que nadie y casi siempre pone la bala donde pone el ojo.

Todos ellos vendrán. Quizá ha pasado que en estos partidos ha pesado la responsabilidad de ser los más observados, en un momento en que la orquesta, como toda orquesta, sobre todo cuando hay cambio de director, necesita realizar algunos conciertos para afinar sus instrumentos y su música.

Pero vendrá la música. No sé cuándo. Quizá contra Portugal o en el cruce siguiente. No lo sé. Sólo sé que esta España de ahora no me gusta. Gana, pero no me gusta. La otra es la que nos gusta a todos, y ahora tenemos muchísimas dudas, no sea que cuando llegue la hora de venir, ya no estemos en Sudáfrica.

SPAIN - HONDURAS
JOHANNESBURG

adidas
14

«Ganamos por menos goles de los que nos merecíamos».

«...Eduardo, el portero portugués, salvó a su país de una derrota más amplia.

Pero lo más hermoso del partido es que renació ese poder de los bajitos que ya creíamos perdido...».

29 de junio, martes

HIJOS DEL SILENCIO

A pesar de que gritamos y sonreímos en este cine de verano, y nuestra esperanza está incólume, tenemos miedo a volver a ser hijos del silencio. Encontrar la sombra que nos viene del pasado y tener que decirle hola qué tal, ya estamos aquí otra vez, de nuevo en casa cuando la batalla comenzaba a desplegar todas sus potencias. Después de octavos caer, levantarse una mañana y ver, delante del espejo, el mismo rostro que ya tuvieron antes otros jugadores de la Selección.

Rostro de ira contenida, ojos en los que ya se ha muerto la esperanza, dejándolos con un hueco vacío en la mirada, con un horizonte confuso retratado en la pupila. Vestirse con más desgana que nunca. Organizar para el tránsito los enseres y vestidos que ya estaban acostumbrados a sus nuevas habitaciones, objetos personales que cuando sienten el roce de la mano que los condena a la cárcel de la maleta no quieren irse, no aceptan los números del poder más inmodificable, que es el del resultado de un partido de fútbol. Aquí no hay recursos (o, si los hay, jamás prosperan). Todas las sentencias son definitivas, como las de la muerte.

Bajar luego a desayunar y encontrar allí los despojos de la esperanza del ejército vencido. El café más amargo que nunca, los *croissants* extranjeros y mohosos, los huevos estrellados sosteniendo un nombre que no se desea, estrellados, un nombre del que se ha querido huir sin saber que cuando te envuelve se pega como una lapa a los cuerpos y no los deja vivir sin su abrazo poderoso. En el autobús nadie dirá nada. El CD que contiene las canciones seleccionadas por Sergio Ramos no quiere sonar, o si suena, siendo la misma música ha desterrado de sus notas los acordes fabulosos del himno, para cambiarlos por los adagios inevitables del réquiem oscuro.

Estamos en el momento que la historia nos ha reservado para sufrir. Los designios de los dioses del fútbol fueron los que dictaron nuestra pena, y la pena fue más grande en los últimos Mundiales, porque no nos echó de la felicidad el juego, sino un populoso rosario de casualidades y errores, azares que consiguieron hervir en la garganta, quemándonos las palabras, mazos invisibles que golpearon en nuestra nuca obligándonos a bajar la cabeza.

Y luego cruzar el puente conocido, un puente que cruza un río por el que viajan los sueños sin vida, un río que tiene el caudaloso manantial de las esperanzas perdidas y sigue su camino hacia cualquier mar desconocido en donde quizá se amansen para siempre en el olvido.

Es el puente que la historia ha construido una y otra vez, el puente que esta vez estamos seguros de derribar, porque ya no será necesario, porque sabemos que vamos a seguir, a pasar de largo por él, incluso con todas las dudas encerradas en una mochila voluminosa. Esta vez la esperanza es más sólida, aunque todavía tiene dentro briznas de oscuridad que se perciben como palomas oscuras volando dentro de la luz.

Creemos, esta vez creemos. Nuestros rostros tienen una conciencia positiva. Sabemos que los destellos se convertirán en algún partido en la luz que se enciende sola al anochecer, como la de las farolas públicas. Todos los que estamos en este cine, sentados en sillas de madera o de plástico, haciendo resurgir del tiempo noches de verano iluminadas sólo por la luna y los reflejos de una pantalla que ayer contuvo el mundo, el universo, los momentos épicos y mágicos de la historia.

Aquella pantalla, con sus imágenes perdidas, o quizá invisibles, porque todavía siguen existiendo y lo que ocurre es que nuestros ojos ya no pueden verlas, está en nuestra mente. Tiene la paz y la ausencia del recuerdo. Y si ayer veíamos los gritos de un humano casi desnudo agarrándose a las lianas de la espesura, de árbol en árbol, viajando hasta llegar a una manada de gorilas que lo acoge y lo integra en una de sus familias (qué metafórica concesión hizo la censura al evolucionismo), ahora vemos a Cristiano Ronaldo con la mirada asesina y los músculos tensos, con los brazos y las piernas en posición de combate, ansioso, muy ansioso por comenzar el partido que está vez hará, cree, que el hermano pequeño se coma al grande.

Pero allí estamos nosotros, en el cine de nuestra infancia, casi cien, almas que gritamos a las sombras con nuestra varita mágica del deseo, diciendo con fuerza nombres, consignas y canciones, con mucha fuerza, como si creyéramos que nuestra voz puede viajar a miles de kilómetros y llegar con toda su fuerza, traspasando el muro sonoro de las vuvuzelas, hasta los oídos de nuestros jugadores que ahora tienen la mirada ausente, la mente perdida, todo su cuerpo tenso en los ejercicios del calentamiento, ansiando llegar al momento en que el balón dirá que hay gentes que han venido a este mundo para romper la historia.

EL PODER DEL CANALILLO

El partido comienza aburrido, pero se mantienen intactos nuestros enlaces con la gloria. Mientras los dos equipos empiezan en el centro del campo una batalla de desgaste y de furia, nosotros gritamos cada vez que una jugada de nuestra gente se aproxima al débil dibujo de lo que estamos esperando. Al menos, Sergio Ramos, Capdevila, Piqué y Puyol expulsan a Cristiano Ronaldo de sus territorios y le dejan claro que esa no será su noche, que no podrá hacer valer sus quinientas flexiones para romper, en un giro equívoco de cadera, la armonía corporal de Piqué.

Y con cada balón que el genio portugués pierde, los espectadores gritamos con la misma fuerza que lo hacíamos antes, cuando llegaba el hombre mono por los árboles y salvaba a su compañera de los maliciosos furtivos. Cuatro jovenzuelas, hijas de los veinte años, ataviadas con un uniforme nacional artesano, envueltas en la bandera hasta la cintura, eran las que más gritaban. Sobre todo cada vez que Piqué robaba el objeto de la pugna y se lo entregaba a Xavi, que ya sabría el genio pequeñito qué había que hacer con él.

–¡Guapo, guapo, guapo! –gritó la más voluminosa (a ninguna la habrían admitido en la tropa esquelética de las modelos), saltando con brío y moviendo el canalillo, o el canalón, con gelatinosos movimientos de arriba abajo y de izquierda a derecha, consiguiendo, con sus saltos sicalípticos, que todos los que estábamos alrededor dijéramos cada vez que un jugador español tocaba la pelota la misma cantinela:

–¡Pásasela a Piqué, pásasela a Piqué!

De lógica cartesiana es que los jugadores de la Selección no podían oír nuestras súplicas. Y aunque las hubieran oído no habrían seguido tal consejo táctico defensivo, salvo que, no sé, también hubieran visto el canalón suculento de la moza y entonces habría sido para pensárselo.

Fuera bromas, sí es cierto que Piqué tocó demasiado el balón en la primera parte. Y por eso todas las dudas que comenzaron a germinar con el partido ante Suiza, y se amortiguaron después con los dos partidos siguientes, se reactivaron en ese momento, y aunque la gente no perdía la sed ni la certeza en la victoria, algún que otro locutor nos los ponía de corbata, y eso que Portugal apenas se pasó por casa.

Hay periodistas que no dejan de darle vueltas a guisos absurdos. Inventan evidencias donde sólo hay dificultades. Portugal no es el equipo de mi barrio, tiene calidad, solidez defensiva y estrategia para amargarle la vida a cualquiera. Y tampoco vamos a pretender, por muy guapos que seamos, sobre todo Piqué, que los equipos salgan al campo a obser-

XAVI
8

var cómo realizamos esos rondós que Maradona considera infructuosos, con sentido sólo si en los estadios no hubiera porterías.

Cierto, el primer tiempo nos hizo dudar.

–¡Joder! ¡Qué mal pinta esto! –me dijo Luis con la mano en la barbilla, tipo pensador de Rodin, y los ojos en los pechos de la moza veinteañera y grandona.

–Que no, que no *papi,* que ganamos. ¿Has visto cómo juega Piqué? –repuso la moza abanderada hasta la cintura mostrándole el escote más abierto que nunca y enseñándole, por tanto, la terrible evidencia de que no llevaba silicona. Luis odia esa mimética redondez melonar que tienen los pechos con silicona.

–Si tú dices que ganamos, ganamos, bonita –le contestó Luis abrazando su perfil con suavidad y con respeto exangüe porque al sucederse el abrazo amistoso su mano no pudo evitar rozar sus pechos desde el canalón hasta la cintura.

Luis, el maduro, el cincuentón, se hizo amigo de ella y de ellas, y al terminar el partido se fue a celebrar la victoria a un lugar adonde acababan de descargar varios tráiler de chiquillería. Lo que pasó después lo sé, pero también lo dejo en el secreto del sumario que este libro va de fútbol y no de Lolitas y cincuentones epicúreos. Esas historias se las dejó a Nabokov.

Y como va de fútbol, Julio Salinas, ¡qué bella es la vida Julio Salinas!, tengo que decir que en el segundo tiempo nuestra Selección encontró su alma. Hubo momentos en que regresaron viejos olés que surgían con los pases medidos, y se iban alargando y alargando hasta que la orquesta que

Xavi dirigía tocaba un movimiento magistral y el olé estallaba como el final repetido de un pasodoble. Y todo sucedió, y todo comenzó a ser con el argumento de una historia hermosa cuando salió Llorente, y destrozó el optimismo de los portugueses consiguiendo un campo propio en el que los nuestros pudieron tocar sus instrumentos en paz, quitarse del cuerpo esos jugadores perdidos y volver al origen. Porque si hay vida y se cree en la vida, uno siempre encuentra su origen amado.

Ganamos por menos goles de los que nos merecíamos. Eduardo, el portero portugués, salvó a su país de una derrota más amplia. Pero lo más hermoso del partido es que renació ese poder de los bajitos que ya creíamos perdido, ese poder que iba vagabundo por las calles de Viena, triste por no tener sus ágiles cuerpos pequeños llenándole la ausencia de vida. Y los encontró en el otro extremo del mundo, en Sudáfrica, donde viven todos los orígenes, esperando un regreso imposible. Xavi, Iniesta, Busquet, Xabi..., sí, lo encontraron, lo esperaban desde el primer día.

Terminó el partido y los gritos se mezclaron con la música energúmena de las trompetas de plástico, las vuvuzelas, los tambores y demás instrumental que toca la orquesta del pueblo cuando quiere dispersar la alegría.

Iba dentro de la riada de gente que abandonaba el cine, y le dije a Luis que si nos íbamos al *Bar Juani,* a saludar a los compadres. Me respondió que se iba con la del canalillo y las amigas a romper la noche, que si me iba con ellos. Le dije que no, que no tenía dónde colgar mis años. Y mientras se alejaba con ella y las otras pude oír que la chica del canalillo le iba diciendo que tampoco estaba mal el jugador Llorente. Le dijo que le ponía a cien su melena, entre castaña y rubia, ondulada, densa, con las formas atrayentes.

Y Luis sonreía. Pero tenía una risa extraña. Era feliz y a la vez incompleta, quizá recordaba sus densos cabellos rubios, casi canosos, que en los tiempos de la abundancia capilar y la juventud nada virginal, también eran tan bellos y densos como los de Llorente.

La Roja recupera todo el crédito y Villa arrasa

Al Guaje lo comparan con Bolt y el equipo vuelve a dar miedo

Del Bosque, con el rival

Vicente del Bosque aprovechó el día libre para estudiar los informes sobre el próximo rival y ver en vídeo el partido que les enfrentó a Japón.

Navas está en forma

El extremo sevillista fue uno de los jugadores que más destacó en el entrenamiento de ayer, en el que participaron los que no jugaron ante Portugal.

Albiol sigue recup
rándose de la les
que sufrió en un
choque con Llore
Ayer se entrenó e
gimnasio y va me

"Aquí n
sobre s

No habí
que tan l

M **SELECCIÓN** FALTAN 2 DÍAS PARA

Cruzcampo DISFRUTA DE LA ROJA Cruzcar

ENTREVISTA **V. DEL BOSQUE** AL SELECCIONADOR SE LE VE SATISFECHO, LA R
SU MEJOR JUEGO Y ATRÁS QUEDAN SUIZA Y LAS

"A veces se masca silencio en el autob

Con un café de por medio, poco antes del ensayo de la selección, Vicente del Bosque (Salamanca, 1950) comentó a los enviados especiales de MARCA sus impresiones del Mundial. El técnico reconoce

racterísticas, un equipo de soldados, pero el partido se hizo muy difícil por la situación en la que nos encontrábamos. Es lógico. Veníamos de una herida muy profunda.

Eurocopa vimos a un Marcos Senna pletórico, sin duda uno de los hombres clave en la obtención de la Eurocopa, y, sin embargo, hemos encontrado a un chico, Sergio Busquets, que es buenísimo y que probable-

que han actuado en el Liverpool y en el Valencia como únicas referencias fijas en el ataque. El ajuste ha pasado por inclinar a Villa hacia el lado izquierdo, su tendencia más natural.

«Antes de salir al campo me dije: 'No puedes fallar'»

«La llamada de Del Bosque cambió mi dimensión», dice el canterano del Ahtletic / «¿Cristiano Ronaldo? Ante España cualquiera acaba desquiciado»

Viene de **página 47**

equivocarse, sin esa desgana tan tristemente común en las estrellas que olvidan por quienes lo son. Es su día y quiere disfrutar cada minuto, nos cuenta, mientras posa para EL MUNDO en la fuente que da cada noche la bienvenida a la selección, una vez más, después de la victoria.

–¿Qué pensó cuando Del Bosque le dijo que saliera?

«Ésta es la tuya *Fer*, lo

Los 4 precedentes

>Italia (1934): El equipo de Zamora, Ciriaco y Quincoces empató con la anfitriona, Italia. No había penaltis y en el segundo partido, de desempate, perdió 1-0. El árbitro vistió de 'azurro' y evitó el triunfo del equipo español.

>Bélgica (1986): En el año 1950 España fue cuarta, pe-

–¿Habló con Torres al concluir el partido? ¿Cómo lo encuentra?

–Me dio la enhorabuena pero no pudimos hablar más porque tuve que ir al control antidopaje, y como había orinado en el descanso... [risas] Para él todo esto no es fácil. Viene de una lesión de dos o tres meses. Cuando eso te sucede, cuesta mucho adaptarse cuando empiezas, coger el ritmo. Si ves que no te salen las cosas, te resta confianza. Además, cuando por detrás te están dando palos... Entiendo que es muy complicado. En el grupo todos creemos que momento está por llegar.

M **SELECCIÓN** FALTAN 2 DÍAS PARA PARAGUAY

Rumbo a la gloria

AUDIENCIAS CERCA DE 20 MILLONES SINTONIZARON EN ALGÚN MOMENTO EL ESPAÑA-PORTUGAL

13.363.000 espectadores vieron el triunfo de la R

«Si gana España sentiremos que cuando el destino
se puso a escribir la historia
nosotros estábamos allí...».

1 de julio, jueves

LA MARISCADA DE LUIS

Sólo han pasado dos días desde que nuestro equipo demostró sus poderes al mundo, y el mundo quedó encantado con sus poderes. Toda la prensa, todas las web, las televisiones, acaban de recuperar a un favorito. Percibo en el ambiente que algo hermoso se está gestando. Una enorme confianza se ha extendido por todos los lugares del país. Sientes que la gente ha comenzado a creer en lo que hasta este martes mágico parecía tan difícil.

El cielo azul, limpio, el día cristalino, parecen ser la premonición que el buen tiempo ha puesto en el camino que estábamos esperando. Los agoreros de siempre, los que nunca confían en que pase nada hermoso y positivo, tienen el altavoz de su mente silencioso, callan y observan, esperan, y, en el fondo, desconfían de que algo tan bueno pueda ser posible.

–Si gana España me tinto el pelo de rojo y amarillo –dice Luis mientras se rasca el área inferior de la panza, que lucha por besar el aire del bar.

–Pero si no tienes pelo, cachondo, cómo te lo vas a tintar, como no sea el de los huevos –le contesta Segundo, en un tono alto que perciben con claridad los compadres del entorno a pesar de que el bullicio de la cafetería no es ni mucho menos susurrante.

Por eso, después de la frase, se oye con perfección nuestra carcajada simultánea que consigue atraer las miradas de la mayoría de los parroquianos. Luis, como contestación a la simpática impertinencia de Segundo, le responde con un gesto de carácter asesino, el que haría un mafioso debajo de la barbilla.

Son las dos de la tarde y el bar está rebosante de parroquianos. El bullicio no es demasiado elevado, quizá porque mucha gente mira el televisor y se queda silenciosa observando y escuchando las imágenes de la Selección en uno de sus entrenamientos. Los jugadores realizan un partidillo a lo ancho del campo y se percibe cómo se divierten con los goles fáciles que unos y otros marcan, con las felicitaciones y collejas que se dan unos a otros en los momentos más decisivos.

En un extremo del campo, Del Bosque, acompañado de Tony Grande, observa silencioso mientras se toquetea, a la manera de pinza, la parte más carnosa de la barbilla. A la vez, una ligera sonrisa enmarca su rostro bonancible y es claro que su mente, en aquel momento, está en su totalidad inmersa en lo que sus ojos perciben y en lo que su instinto futbolístico le dice que piense.

–Si gana España –sigue Luis con su retahíla– os invito a comer marisco en Madrid, y luego, lo que se tercie.

–Vale, yo me apunto el primero –dice Segundo mientras retira tres vasos vacíos de cerveza.

–Y nosotros, por supuesto –añadimos.

Urbano hace un gesto de engullidor posesivo mientras le contesta con la sonrisa amplia, desmedida. Y Luis, el mayor adorador y engullidor de gambas que he visto en mi vida, le choca la mano como el que acaba de vender un terreno, o unos animales, y cierra el trato con un apretón de manos que vale más que un contrato hecho ante notario.

–Pero una mariscada de verdad, con ostras y percebes –insiste Luis mientras nos abraza con una sonrisa paternal y algo misteriosa.

Si gana España... pienso alejándome de la conversación unos instantes. Pongo rostro de atención, pero esa frase es como el inicio de un pulso en mi mente, y dejo que su latido siga mostrándome palabras. Si gana España... continúo escuchándome en lo profundo, imaginando un espacio futurista. Si gana España se llenarán los balcones de banderas. Los jóvenes se introducirán en las fuentes públicas y gritarán con las camisas mojadas, durante toda la noche todos los vivas posibles que la enorme gesta permita. Y al amanecer quedarán por las calles los restos de una batalla de sonrisas, de una fiesta que muchos no quisieran nunca finalizar. Los barrenderos del alba no se comerán su rabia por tener que limpiar el campo de una batalla de alegrías. Si nuestros jugadores levantan la copa, envueltos en un universo de confetis, inundará nuestra tierra un inmenso océano de gozo que por unas horas, o por unos días, ocultará los problemas de siempre y los volverá en lo más blando de las entrañas superables y livianos.

Si nuestros jugadores levantan sus ojos y sus sueños, me digo absorto en las palabras que brotan, hasta el lugar más

FIFA.com
9

amado del universo, mientras suena en los altavoces y en los corazones el himno de la victoria, las pequeñas verdades de unos pocos serán enterradas por la verdad colectiva, que no será otra que sentir que es mejor la música de los objetivos comunes que la dispersión de los intereses sectarios y variopintos. Si gana España este país instalará el orgullo por los rincones más lejanos, pondrá un viento potente de vida por las grandes avenidas.

Y el primer día de después del sueño el amanecer tendrá un color más diáfano. Las nubes, si hay nubes, igual comprenden el momento y se retiran a su cuarto trasero para que el sol llene de hermosas vitaminas todo lo que respira y luzca como ningún otro día.

Si gana España sentiremos que cuando el destino se puso a escribir la historia nosotros estábamos allí, en el momento preciso, nadie tuvo que contarnos cómo fue la hazaña ni qué pasó en el primer segundo de un día que se convirtió en una frontera entre el pasado y el futuro.

Si Del bosque intenta esconderse detrás de los bastidores del jolgorio, mientras sus jugadores se mueven en la locura de la victoria definitiva, mientras cuatro lágrimas que ha tenido en las bolsas de los ojos protegidas por el candado de la mesura ya no pueden más, y se liberan de la vergüenza, para conocer la primera brisa del oxígeno de Sudáfrica todos (ah, casi todos) sentiremos que los hombres buenos, como en las películas de Hollywood, pueden ser premiados por el destino con lo que todos desean pero sólo unos pocos acarician.

Si al fin gana España el Mundial, por un instante, se aparcará la greña de siempre y seguro que algún comentarista dirá que un puñado de jóvenes españoles dijeron al mundo que éramos más de lo que nos creíamos, que teníamos más de lo que mostrábamos, que se nos veía mejor desde afuera del cristal de la ventana que en el espejo de dentro de la casa. Alguien dirá que un pequeño ejército de jóvenes españoles conquistó un nuevo imperio sin derramar una sola gota de sangre...

Y además, me digo, pues no es para despreciar, Luis nos pagará la mejor mariscada que hayamos comido nunca en nuestra vida.

El capitán del **Barça** es el último baluarte de **España**. el partido ante **Paraguay**: "Hay que aprovechar esta
Desea "darle una alegría a toda la afición de **La Roja**

Puyol

"Es nuestra gr
tenemos que

MATALLANAS/MAROTO
POTCHEFSTROOM

Los partidos ante Honduras, Chile y Portugal fueron

J. J. SANTOS

La soledad de Vicente Del Bosque

Me acordé mucho del seleccionador al acabar el partido de octavos. Antes del choque, comiendo en el puerto de **Ciudad del Cabo**, fueron muchos los aficionados que se acercaron a saludarnos. La mayoría estaban recelosos por el juego del equipo y apuntaban a **Del Bosque**. El entrenador siempre está en el centro de la diana. Le acusaban de conservador. El

doble p
campo,
a admit
juega m
persigu
Camach
constan
lo difíci
dor. Apu
cambia
tentar a
palos so
has traic
definitiv

"Es una ocasió
estamos entus

JOAQUÍN MAROTO
POTCHEFSTROOM

El seleccionador alabó el
de **España** ante **Portugal**
jabatos. Desquiciaron a C

Del B

Bueno, ahí está España, en cuartos por sexta vez en su historia...

—Es una oportunidad única. Los jugadores están entusiasmados. Todos lo estamos. Veo muy buena mentalidad, y muchas ganas de llegar lejos en el Mundial. Vamos a ver, ahora es cuando hay que estar más centrados y ser más prudentes. Tenemos que seguir trabajando con humildad.

—¿Le preocupa que se dispare la euforia?

—Sobre la que rodea a la Se-

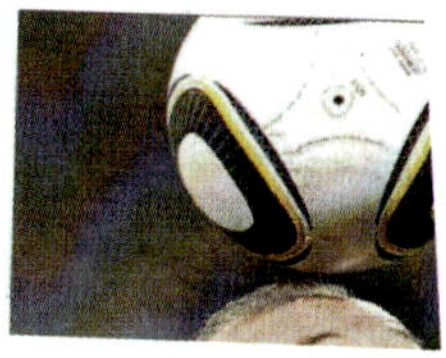

12
M
RE
D
C
C

Sudáfrica 2010
España

equilibrio del juego español. Lo explica Xabi Alonso, que reconoce en *Busi* la capacidad para hacer fácil el trabajo de los demás. Y resume: "Es medio centro en el Barça de Guardiola. Eso lo dice todo. Tácticamente es muy bueno y técnicamente se nota la escuela". Al tiempo, asegura que se compenetran bien porque entienden el juego de manera parecida. "La vitola del fútbol español que elabora y crea se fragua en el centro del campo", reconoce Grande, que avisa de que el juego de Bus-

...contra Suiza. / ALEJANDRO RUES

SELECCIÓN FALTA 1 DÍA PARA EL DEBUT

ESPAÑA ES LA SEGUNDA FAVORITA, MUY CERCA DE BRASIL

Las apuestas nos dan como finalistas

Los apostantes recuperan la confianza tras su brillante triunfo ante Portugal • Villa es el favorito para ser el máximo goleador

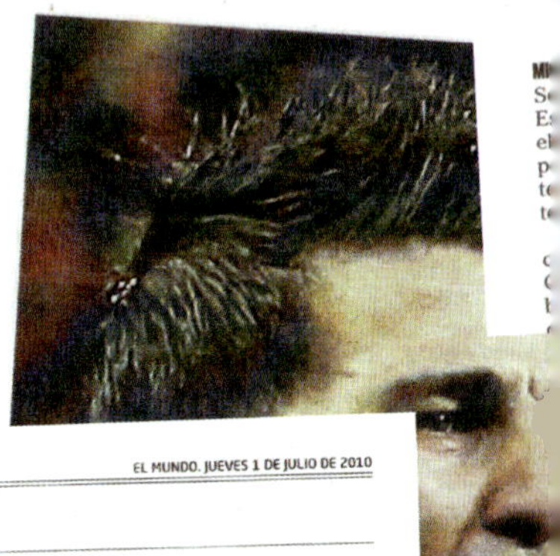

BRUNO LLAMAS | MADRID

La Roja ha recuperad
de un plumazo tras
ante Portugal. Si hace
hombres de Del Bosq
como los principales
para llevarse el Mund
dáfrica, la derrota ante
hizo bajar muchos ente
casas de apuestas.

Con el paso de los p
con las victorias ante H
Chile y, sobre todo, Port
han colocado a España
tos, ahora el panorama
distinto y sólo Brasil apa
mo máxima favorita para
trofeo de campeón el pró
de julio, pero muy cerca
junto español.

La gran victoria sobre P
y el juego desplegado en el segundo tiempo, han hecho que los

...de 8 a 1, mientras que Uruguay ya aparece más alejada, pa-

...es la casa que más ofrece, 2,87 a 1.

Le siguen en este apartado Hi-

SERGIO RAMOS

Hace poco más de dos años, tres días antes de los cuartos de la Eurocopa, Ramos no podía ni imaginar el gigantesco jugador en el que iba a convertirse

¡Cómo ha cambiado esto!

CARLOS E. CARBAJOSA / Potchefstroom
Enviado especial

¡Cómo ha cambiado el cuento! Se

sieron o no pudieron sacarle su potencial. Con Sergio Ramos, la carretera del 2 se convierte en

SELECCIÓN FALTA 1 DÍA PARA PARAGUAY Rumbo a la

XABI ALONSO EN LA EUROCOPA SU ROL NO FUE TAN IMPORTANTE, PERO EN EL MUNDIAL ESTÁ SIENDO UNA DE LAS PIEZAS CLAVES. SE ADAPTA A

"Me gusta sentirme importante, darle mi toque propio al equipo"

No es extraño que se entienda tan bien con Xavi dentro del terreno de juego, fuera también hablan el mismo idioma. Da gusto escucharles a los dos. Xabi Alonso (Tolosa, 1981) es de esos jugad...

un mediocentro, con dos...
R. Ja, ja... Cada fase final hay un debate. Que si los porteros, que si los delanteros... Esta vez nos ha tocado a nosotros...

MUNDIAL 2010

SELECCIÓN FALTA 1 DÍA PARA PARAGUAY Rumbo a la gloria

ANTE PARAGUAY EL EQUIPO DE CHILE Y PORTUGAL

...Bosque hace que el ...e se sepa de carrerilla

...a despejó ante los lusos las dudas que pudiera haber
...cionador considera que Fernando Torres es 'titularísimo'

POTCHEFSTROOM
...undial de 1990 jugó ...

El otro foco de atención en el entorno de la selección ha estado ... Torres, aumentado ...

debate exterior no ha existido nunca en el cuerpo técnico. *El Niño* es el delantero centro titular de Vicente del Bosque y es al...

EL LEHENDAKARI CREE QUE HA LLEGADO EL MOMENTO DE VER ALLÍ A LA SELECCIÓN

Patxi López pide que La Roja vaya a Euskadi

Resalta que escuchó cohetes celebrando los goles de España en Vitoria • Entiende que ya es la hora de normalizar esta situación • Está feliz por Fernando Llorente

J. H. MADRID
Patxi López entiende que ha llegado el momento de que la selección española de fútbol vuelva a jugar en el País Vasco. A juicio del lehendakari, la visita de La Roja sería una muestra más de la normalidad que su gobierno in...

SELECCIÓN | 43 AÑOS SIN JUGAR EN BILBAO

Ciudades de España donde ha jugado la selección desde el último partido disputado en Bilbao.

Oviedo 4 · Gijón 7 · Santander · Bilbao · La Coruña

Último partido en el País Vasco
Bilbao: 31/05/1967
ESPAÑA 2 - TURQUÍA 0

NI MÁS... NI MENOS POR JESÚS RAMOS

El adiós de dos mitos

Inglaterra 66 puso punto final a la carrera de dos guardametas legendarios del fútbol del otro lado del Atlántico: El brasileño **Gilmar dos Santos Neves** y el mexicano **Antonio** *Tota* **Carbajal Rodríguez**, apodado *El cinco copas*.

A Gilmar, el seleccionador **Zezé Moreira** quiso llevarle al Mundial de Suiza 54 pero se lo impidió una lesión. Poco después era el titular indiscutible de Bra...

«A la Selección española los equipos de inferioridad técnica grupal no le ponen el autobús, le ponen un muro,
un muro sin rendijas que hay que derribar
con constancia y habilidad...».

2 de julio, viernes

OFICIOS DE ARMAS

Hoy las noticias traen metralla. Hay que intimidarlos para que no jueguen, dice el entrenador de Paraguay.

–Si les dejamos manejar la pelota, nos matan –esa es la frase, casi lapidaria, que este personaje llamado Tata Martino ha lanzado al universo mediático del Mundial.

Abro el periódico y busco el rostro de tan aguerrido paraguayo. Es una faz que contiene indudables signos de dureza. Los mentones prominentes, las cejas muy escasas, como si hubieran sufrido demasiados golpes en demasiadas batallas, sus ojos se hunden mucho, y son pequeños, como los de un militar fiero que acostumbra a las pupilas a mirar con odio a sus enemigos, y casi negros, por eso, tan hundidos, se asemejan al fondo de un pozo que ilumina el sol del mediodía.

Si tuviera que imaginarle un oficio de armas lo vería vestido de gladiador, con su dura mirada y su cabello desgarbado esperando al primero que se acerque a probar el hierro acosador de su espada.

Está claro que este tipo, consciente de las pocas posibilidades de su juego rústico y defensivo contra un equipo técnico, sólido y atacante, como el de España, piensa que encontrará beneficio en calentar el ambiente, en generar circunstancias ajenas al juego, al talento y la calidad de los jugadores, guerras inventadas que bullendo en los noticieros y en las páginas calientes de los periódicos quizá puedan conseguir que la Selección se descentre.

También, por supuesto, piensa –y piensan muchos de su bando–, que si se logra generar un agravio podrá conseguir que sus jugadores consideren el partido como un desagravio, y así extraer de sus entrañas fuerzas inexistentes, voluntades de hierro, una garra especial y un ánimo que consiga que sus hombres salgan al campo mordiendo. Por eso, en sintonía con su mensaje de agraviados, alguna prensa paraguaya ha entrado a fondo en la invención de soberbias inexistentes, afrentas históricas sin vida o desprecios sutiles.

El titular del diario *Crónica* de Paraguay es muy revelador de estas intenciones maliciosas: «¡Gallegos racistas, ¡dan risa!». Y tan desmedida respuesta a un agravio inexistente, se rellena en esos foros de internet que exudan a diario chorradas incalificables y estupideces atrevidas, tales como, en este caso, transgredir el sentido respetuoso de los piropos que nuestros jugadores y Del Bosque dedican a su equipo validando sus virtudes. La transgresión significa extraer del respeto deducciones humillantes para ellos, en las que se llama indios y miserables a los habitantes de un país que todavía no es del que llamamos Primer Mundo.

–No le llames Martino, llámale Martillo –me dijo después Urbano Cerruti, en la tertulia del *Bar Juani,* cuando compartí con él y con Luis mis impresiones sobre el verbo guerrero de ese entrenador.

–Martillo pilón –matizó Luis con su sonrisa socarrona, dándome en el hombro un ligero golpecito con su puño.

Martillo pilón, el que golpea el hierro fundido, pienso, rojo como la lava en ebullición de un volcán, rojo como un atardecer de esta tierra casi sin bruma que acoge en el horizonte esa batalla entre la noche y el día que unas veces ganan las sombras, y otras la blancura militante del alba.

Esperemos, pienso, que esa metáfora que ha empleado Luis no sea una premonición de cómo con sus persistente martilleo de faltas y paradas del juego, los paraguayos podrán romper o moldear la avalancha roja de nuestros jugadores sobre sus murallas defensivas. Es muy conocida aquella sentencia que dijo Helenio Herrera sobre el predominio de un juego defensivo, cuando anunció en un partido que pondría el autobús sobre la portería. Pero a la Selección española los equipos de inferioridad técnica grupal no le ponen el autobús, le ponen un muro, un muro sin rendijas que hay que derribar con constancia, habilidad y, por supuesto, los correspondientes cañonazos. En eso Villa es un maestro.

Observo que en el ambiente vuelve a existir una confianza excesiva en la superioridad de nuestra Selección. Son pocos los que llaman a la calma y recuerdan que en fútbol no siempre triunfa la lógica, ni la calidad, ni la superioridad estratégica. Entre ellos sí está nuestro entrenador y los jugadores, que ya han avisado y anunciado por todos los medios posibles que será muy difícil ganar el partido, y que si salen al campo creyéndose ya los ganadores sin haberlo jugado, con seguridad perderán y tendrán que volver a casa.

Esa idea de regreso que para muchos es dolorosa, para

mí es casi insoportable. Me arrastra el ánimo, me angustia la sensibilidad, pues significaría perder unos días de trabajo, realizar un diario para nada, porque esto se acaba aquí... días de escritura se perderán por las papeleras del tiempo. Porque a ver, quién narices compraría un libro que habla de la historia de un fracaso que sucedió a la expectativa de un enorme éxito.

LÁGRIMAS EN RÍO

Quizá por pudor no quiso la cámara seguir los rostros de los jugadores brasileños. Seguro que el cámara era un amante del fútbol y sintió en aquel momento que aquel grupo de jugadores que emergían de la más grande historia futbolística de todos los tiempos, se merecía el respeto de conciliarse con su dolor en soledad, sin que el mundo viera lágrimas humanas en los ojos incrédulos de los dioses del fútbol. La noche era hermosa, los cánticos brasileños predominaban por todo el estadio tapando incluso la aguerrida molestia de las vuvuzelas.

Cuerpos jóvenes pintados con las banderas del país, cuerpos medio desnudos mostrando una lujuria imposible, una mirada imposible, porque cuando te ibas acostumbrando a verlos en la pantalla del televisor, y desearías quedarte una temporada al lado de aquellos rostros que parecían vivir una fiesta eterna, te dabas cuenta que también eran personajes de una película futbolística. Mostraban sus torsos desnudos entre un mundo variopinto de camisetas, o emergiendo de la finísima seda de las banderas, con el asombro, en el caso de las bellísimas mujeres brasileñas, del impacto en la pantalla de unos senos puntiagudos hambrientos que se enfrentaban al frío de la noche.

La cámara no quiso regodearse en el final de la batalla, en el duro dolor de los rostros brasileños, del público, de los jugadores, de esa vista aérea de las playas de río en donde la gente consumía mar, alcohol, samba y fútbol, gente que se imaginaba una noche perdida y loca correteando por el fresco nocturno del verano, por las levísimas cortinas de agua que el viento levantaba de un mar acostumbrado a ver el orgullo de los cuerpos hartos de sensualidad y el toque de un balón en la arena con los pies desnudos.

Pero no pudo evitar encontrarse con el rostro incrédulo de Kaká comenzando a enrojecer sus ojos y a encoger sus mejillas. Por un instante, la cámara descansó en aquella figura que se alejaba hacia el vestuario agachando la cabeza. Sus cabellos negros casi tapaban su rostro de eterna adolescencia, su mirada de niño bueno y su perfil de príncipe bondadoso. Pero en un áspero instante levantó el rostro y miró al frente, a la puerta del vestuario, a donde deseaba llegar tan rápido como un suspiro oculto, para llegar al búnker del vestuario, donde podría llorar con todos sus compañeros acogiéndose al dolor común y a la intimidad del llanto.

Antes de entrar por el túnel del dolor inconsolable miró al frente y sus lágrimas, que ya predominaban entre todos los sentimientos, recibieron un tiro de luz de los focos y comenzaron a brillar como pequeñas estrellas buscando un universo. En el vestuario perdieron la luz y se quedaron sólo con su angustia.

Pero antes de llegar al vestuario, en donde los lamentos se impondrían a la samba, tampoco pudo evitar el cámara arrebatar algunas lágrimas más de ojos brasileños. Lágrimas que se apoderaban de todos los deseos. Lágrimas cristalinas sobre la piel de chocolate, lágrimas de aficionados que eran como cadenas sobre el alma, esposas de agua que los amarraban al asiento y les imposibilitaba moverse, quietos en el mismo lugar del sacrificio mirando la hierba, el marcador, la invasión naranja mostrando al mundo sus pinturas de guerra y la luminiscencia cristalina de un ejército de ojos azules.

También lágrimas de otros jugadores que veían imposible de seguir la senda que había entre el césped y los helados baldosines del vestuario. Por eso muchos de ellos seguían en el campo con la mente obtusa. Agachaban la cabeza y rumiaban por dentro las razones de aquella derrota, aquel designio de los hados que les quitaba de los sueños la fotografía de un equipo de dioses cariocas levantando la copa. La copa hacia los cielos en el mismo instante en el que estallaba el vacío, poniéndole al estadio faralaes luminosos, cientos de kilómetros de confeti que al llegar al viento, estallando desde la tierra, se convertían en una bioluminiscencia arrolladora nutrida de minúsculas luciérnagas.

La luz de aquellos sueños se iba apagando en el escenario de las neuronas. Y aunque por pudor el cámara parecía querer alejarse de las lágrimas, no pudo evitar grabar esa solemnidad de la derrota que siempre tiene la ternura de unos ojos llorando. Es el peor día de mi vida, dijo Dani Alves mientras de la fuente de sus pupilas claras, brotaban unas lágrimas contenidas.

Y en cualquiera de las inmensas pantallas que presidían las arenas de las playas de Río, desde todas las distancias del mundo, se pudieron ver miles de rostros brasileños con la congoja y la penumbra interior mascullando sus lanzadas y picaduras. Y esta vez las cámaras no tuvieron el pudor de poner las lágrimas detrás de los bastidores de la imagen. En toda su amplia variedad se mostraron al mundo. El pueblo que más ama el fútbol, y más lo venera, e incluso siente que tiene su esencia compartida con su sangre, llora con todas las fuentes profundas de las entrañas, acuna la tristeza en la piel tropical, en esa alma libre que se siente creada sólo para el gozo y la vida.

Veo a una adolescente con su bandera rodeándole la cabeza, a la manera de velo cristiano. Tiene los ojos húmedos, se muerde los labios, su pequeña nariz también está húmeda y con todo ese rostro mira hacia arriba convirtiéndose en la imploración de un imposible al vacío. Y otro hincha, más maduro, encoge, como buscando un punto único en el centro del rostro, todos sus músculos faciales hasta crear una masa informe y densa con su carne, como si quisiera desaparecer apretándose contra sí mismo hasta ir convirtiéndose casi en una cabeza de jíbaro abandonada. De entre toda esa carne prensada, encogida sobre sí mismo, sólo parecen tener vida unas lágrimas que ruedan de manera escabrosa por su cara buscando un salto al viento y la noche.

Y no puedo dejar de observar, mientras la piel se me pone de gallina y mi angustia siente que lo que veo es auténtico, a un grupo de hinchas compuesto por negros y blancos, mujeres y hombres, ancianos y jóvenes. Una mujer negra, ya anciana, está en el centro, sobre una valla de contención. Sus manos cerradas, una frente a otra, levantadas hasta la frontera de sus pechos, se agitan en un movimiento rabioso de los puños que indica sobre todo, ante todo, impotencia amarga, odio a algo que no sabe si son jugadores, directivos o dioses de la fortuna.

El odio modela el rostro y permite que en esos ojos cerrados haya un suburbio de pena en la expresión, una imagen ejemplar de la riqueza de gestos que tiene el dolor. Otro, con la fotografía de la selección amarilla en el pecho, pregunta a Dios qué ha pasado.

La muerte de Brasil fue cualquier cosa menos una muerte anunciada. Su crónica vital era la de la esperanza y el miedo. Un juego sólido atrás, y pleno de fantasía en la delantera. Boinas verdes, fuerzas especiales en el centro del campo, donde el músculo, que siempre en Brasil se asocia con el arte, fuera el muro que contuviera el asalto de los equipos enemigos. La teoría del equilibrio inventada por Dunga comenzó funcionando. Envolver el arte en una coraza protectora, evitar las fugas de la alegría para que los genios pudieran realizar su obra rodeados de una cohorte de pretorianos. Gilberto Silva, Felipe Melo, la rocosa defensa y uno de los mejores porteros del mundo. Arriba, la mejor delantera del mundo, junto con la española y la argentina.

Sin embargo, alguna debilidad estaba incrustada, como un virus embozado que cuando menos se le espera aparece. Y su debilidad fue la mente. A Brasil le faltó esa conciencia de superación ante las múltiples dificultades de un partido, que por ejemplo rezuma con avaricia en Nadal, y hoy estaba atrofiada en Brasil. No pudo superarse a sí mismo y volver a encontrar el equipo del primer tiempo cuando por un error ¡de la defensa! llegó el empate. En vez de creer en su fuerza, en su arte, en su poder, en su habilidad, en su genética futbolística, el equipo se desquició (sobre todo Melo y Robinho) y se salió del partido para caer en un mundo de faltas, errores y protestas que anula toda la posibilidad de su fútbol.

Mientras escribo, tengo encima de mi mesa una fotografía recortada de cualquier periódico. Kaká, Robinho, Alves y Luis Fabiano están en ella. Por las poses está claro que están a punto de abrazarse, como lo harían los niños de las favelas cuando el fútbol anula la podredumbre cotidiana. Están felices, ríen, se achuchan, algo dice en sus rostros que creen esperar la gloria. Pero lo que les estaba esperando era el sabor salado de unas lágrimas pendientes.

«Alemania, la semifinal, nos espera.
Al fin llegamos al lugar
en el que nunca habíamos estado».

3 de julio, sábado

a seguridad el que se abe mejor

El mu llen Tras viendo co entrando si determ suerte, qu hábitos el Todo eso nos pone alguno d cionales el partid extrañad

ESPAÑA - PARAGUAY CUARTOS DE FINAL

PAÑA AFRONTA LOS CUARTOS DE FINAL, SU MURO EN LOS MUNDIALES

Cita con la historia

selección está en las mejores condiciones para superar esta ronda • Los jugadores españoles llega nciados en el oficio en los grandes clubes de Europa • Del Bosque repite el equipo de Chile y Portuga

Del Bosque

"Queremos con buen jue de cualquier forma"

PREVIA

iago Segurola

a se sometió al camino más n el Mundial, pero llega a los s de final con las mismas ex- ivas que en el comienzo del . El sueño es posible. Cuatro os después, el equipo ha re- ado la sensación de poderío ha caracterizado en los últi- ños. Ha sido un proceso difi- o la victoria frente a Portugal uelto a la selección a su terri- atural, el de la confianza. Con píritu llega ante Paraguay. a altura del torneo que gene- nte ha decidido el destino de ía. Hay que reconocer que sido bueno. Ha sido su mu-

ningún comentario excesivo. poco del entrenador. No es su ter. Del Bosque no ha dado se de inestabilidades, tan frecuen los Mundiales. "Gane o pierda ro mantener la calma", dec MARCA el jueves. Todo el gr consciente de los beneficios prudencia.

EL GUIÓN DE ESPAÑA

La idea de Del Bosque es man el equipo que ha ganado los t timos partidos. Incluirá a Tor el equipo titular. Le ha otorga da la confianza, sin reparar bates externos. Los jugado han apoyado. Villa ha salido das veces en defensa de su c ñero. Llorente, que funcion fectamente frente a Portugal bién ha señalado la conven

JAVIER G. MATALLANAS / JOHANNESBURGO

¿Cómo ve a la selección paraguaya?

—Tenemos un extraordinario respeto por ellos y estamos convencidos de que no será fácil. No me va el tono victimista y sí que tenemos que estar preparados ante la dificultad que seguro nos plantean.

—Llegar a semifinales ya es hacer historia...

—Espero que el choque más importante esté por llegar. España atraviesa un buen momento y espero que lo ratifiquemos

sin haber jugado los cuartos

—¿Sigue confiando en Ferna do Torres?

—Ojalá pueda ayudarnos m cho de aquí hasta el final c campeonato.

—¿Cómo llega el equipo en plano físico?

—Estamos bien físicament No somos un equipo muy fisic aunque el talento nos acomp ña. La mente es tan importar o más que la con ción física.

—¿Quién que p sará a semifinale Argentina o Alem nia?

—Me da igual, tengo ningún fa rito. Son dos gra des seleccion

Precavido

"No podemos pensar en las semifinales"

El estilo se cita con la historia

ña, elogiada por su juego, afronta por quinta vez la oportunidad de llegar a unas semifinales del **Mundial**, una ronda que nunca ha alcanzado

LUIS MARTÍN
Johanesburgo

España se juega esta noche en Johanesburgo el pase a la semifi-

portero— y en las otras dos, los sueños quedaron sepultados en una tanda de penaltis: fue en 1986, contra Bélgica en Puebla (4-5) y hace ocho años, contra

tilos tan antagónicos que el cruce camino de la final trasciende al sentimiento patrio y cobra dimensión de debate futbolístico. El balón por principio contra la

12

Paragua en guara

Lo usa la mayoría del equipo, además d

AGENCIAS / JOHANNESBURGO

Los jugadores de Paraguay usarán la lengua guaraní para que sus indicaciones no sean descubiertas por España durante el transcurso del partido de hoy entre ambas selecciones. Esta es una medida que ya han llevado a cabo en anteriores enfrentamientos nte conjuntos que emplean el spañol para comunicarse. La ción de usar el guaraní y poer darse indicaciones sin ser tendidos por sus rivales les ncede un elemento sorpresa tra para generar peligro.

La lengua guaraní es habla- por alrededor de siete mi- nes de personas en el mun- , lo conocen cerca del 85% los paraguayos y el 27% de os son monolingües. El se- cionador de Paraguay, el entino Gerardo Martino, amente se ha ido acostum- ndo a esta curiosidad, entre s cosas porque la mayoría plantel que dirige utiliza

Santa Cruz y Cardozo.

esa lengua local como primer modo de comunicarse.

Aún así, no todos podrán beneficiarse de esta medida. "Yo no hablo guaraní, sólo español. Ya sé que los muchachos se meten conmigo en su idioma, pero qué le voy a hacer, son bromas de grupo", afirma el delantero Lucas Ba- rrios

le llamaban d te *vaicho*, feo

Los jugado creen que les taja siempre tra equipos de "Es nuestro idi cancha sólo lo tra los rivales c español", com

TRA

- Ajopy
- Eikó
- Ko'Anga
- Edipará
- Ñapu-á
- Ani Ejeyá
- Jake
- Embojhasa
- Eyú
- Esé
- Epoi
- Epyvoi
- Nase
- Cheakeara
- Che ano

DIOSES PERDIDOS EN LA NIEBLA

Todo lo que parece puede sucumbir cuando se enfrenta a los abismos del futuro. Lo que todavía no está escrito con la letra de la vida tiene su propio camino, se rumia en sus propias sombras y puede que en un laboratorio perdido en la inmensidad del espacio esté escribiendo su propia novela. Nosotros aquí abajo forjamos los materiales de nuestros propios designios. Lo hacemos con la esperanza de que no nos ha faltado ningún ingrediente necesario para que el resultado final sea el esperado. Pero desde aquella distancia, tan enorme, tan interminable que no podemos atisbar siquiera sus alrededores, alguien, o algo, cocina su propio guiso con los mismos ingredientes y consigue que lo que parecía una cosa sea exactamente la contraria.

Vemos los auspicios del presente y con presunción y soberbia le ponemos una etiqueta al futuro. Pero el futuro es un país que no tiene otra norma que avanzar según sus propias decisiones, ser sin órdenes, sin intromisiones, decidir por sí mismo sin que ningún poder de la tierra pueda forzarlo. *Now is past* (Ahora ya es pasado) –dice el poeta John Clark–, y desde la certeza de esa afirmación se puede concluir que el presente no existe, y que, por tanto, somos un río de pasado que avanza hacia un futuro sin nombre.

Hoy el rostro de Maradona tiene los harapos del tiempo en sus pupilas. Refleja, al final del partido contra Alemania, que el zumo del futuro que ha bebido es acíbar amargo, un desconocido veneno que tiene el poder de destrozar la vida de los sueños. Con sus barbas canosas, sus rizos y sus pendientes, Maradona parece el avaro Shylock, de *El mercader de Venecia*, de Shakespeare, por comerciar con los sentimientos de su pasado glorioso y querer cobrarnos, en carne sin sangre, la vigencia de la memoria de sus hazañas inolvidables.

También me recuerda, mientras ofrece a los periodistas una riada de gestos chulescos, a uno de esos albañiles que, emergiendo de su artesanía obrera, se aprovecharon a fondo del *boom* inmobiliario. Llenaron de viviendas, o de cubículos sin aire, arrabales, secanos infructuosos y partes de la ciudad que deberían haber sido zonas verdes, pero que hoy, cuando la crisis ha levantado todos los velos, son lugares en donde se respira con agonía porque la tortura de una hipoteca desmedida ahoga el alba y la noche, envuelve la vida con una túnica de fuego que quema las sonrisas.

Mientras lo veo, reo de ansias demasiado violentas, con los ojos rojos y encendidos de ira, en estúpida batalla contra los hinchas alemanes, me lo imagino con la estética de ese constructor que besó el paraíso del dinero, y luego, queriendo ser un modelo del triunfo, cayó en manos del pavoneo hortera que concibe sólo el precio de las cosas y nunca el valor.

Miro sus ojos pequeños vencidos y me digo, he aquí lo que hacen los dioses con los mortales que se creen divinos, rodean sus presunciones y las destrozan, y como los dioses son niños que juegan a los dados, como nos dijo Heráclito, les gusta introducir la chanza infantil y el jolgorio, y así resulta que el alemán que le marcó el primer gol a Argentina, y por consiguiente hizo que Alemania comenzara a introducir el predominio de su fuerza, se llamaba Müller. No olvidemos este nombre.

LA MÁSCARA DEL DESPRECIO

Recuerdo una rueda de prensa de Maradona de hace varias semanas, que tuvo que ver con este jugador. Hoy la han repetido varias veces. El divo se sienta frente a los periodistas después de un partido amistoso jugado contra Alemania, ganado por 0 a 1. La mesa desde la que se realiza la conferencia de prensa es bastante larga, razón por la cual imagino que la organización ha puesto también a un jugador espigado y narigudo, con prominente cabellera casi rubia. Está allí para realizar la misma función que Maradona. Hablar. Pero esto, al genio, no parece agradarle demasiado. El ego de los grandes (no todos) es un mar que no tiene orillas.

Y el de Maradona debe ser tan grande que no cabría en todos los mares de esta tierra y de cualquier otra que exista más allá de las estrellas conocidas. Y por tanto, monta un numerito realizando todo tipo de gestos de incredulidad, y se niega a dirigirse a los periodistas hasta que aquel jugador, para él desconocido, no se vaya de allí o se difumine como un trozo de seda en una lumbre.

Es tan rocambolesca y ditirámbica la situación que los ojos de Müllër sólo expresan asombro. Mira al traductor realizando gestos de incredulidad, y después de un largo rifirrafe entre el traductor, el jefe de prensa y Maradona, más propio de un *film* de Berlanga o los hermanos Marx, el espigado alemán conoce que él es el motivo del grotesco espectáculo que está montando el argentino. Tiene que irse de la mesa si los periodistas quieren escuchar la voz de quien fue el mejor jugador de su tiempo.

Y el alemán se va. Abro un poco las cortinas de mi recuerdo y observo que sus ojos de incredulidad se transformaron en otros de humillación. Ante un montón de periodistas, ante multitud de cámaras que enviarán la escena a los televisores de medio mundo, el alemán Müller se levantó, puso una débil sonrisa de compromiso, miró con cierta tristeza a Maradona y dejó la sala de prensa. Como era Maradona, los periodistas recibieron la cacicada con un fuerte aplauso.

LA VENGANZA DEL DESTINO

Pero he aquí que meses más tarde estamos en el estadio *Green Point* de Ciudad del Cabo. Estamos bajo los dientes de un invierno africano que horada más la piel que los colmillos de los leones hambrientos. Aquí, en los meses de junio y julio, el frío es tan horadante que Mandela escribió en sus memorias, *El largo camino hacia la libertad,* en la isla de Robben, con el cuerpo aprisionado y el alma invicta, que entonces fue cuando comprendió por primera vez el significado de la frase «estar helado hasta los huesos».

Pues en este frío estadio Maradona se juega seguir en el camino hacia la gloria. El contrincante es la Selección de Alemania. Seguro estoy de que al principio del partido, incluso en esos interminables minutos de los calentamientos, debió observar a ese jugador espigado, narigón, de rubia y densa melena, y recordar aquel momento, e incluso creer que su ego y su vanidad serían suficientes para desatornillar las pistolas de sus piernas zanquilargas. Los que se creen dioses siempre miran por encima a los mortales.

Pero ese hado que está en los palacios invisibles del destino le robó el futuro de gloria a Argentina y al propio Maradona. Tiró, tiró sus dados y echó al vacío todas las presunciones que unos y otros, los expertos y los menos expertos, habían preparado. Además, fue Müller, el despechado, quien marcó pronto el primer gol destrozando con su golpe eficiente la deslavazada estructura del equipo argentino. Por eso el rostro de Maradona, al final del partido, era el de un humano que por dentro se estaba rumiando su propia debilidad de género. A pesar de la greña absurda con los aficionados alemanes en su mirada ya se había muerto la arrogancia. Y estaba tan perdida hacia el exterior, que parecía seguro querer mirar sólo hacia dentro, preguntarse dentro, indagar en las creencias más ocultas de su mente y decir, quizá, una frase que siempre ha significado la profunda soledad del ser humano: «¡Dios mío!, ¿por qué me has abandonado?».

Nunca más el genio Maradona, con su ego mastodóntico, podrá decir a aquel jugador espigado que se retire a un lado y se quite de en medio porque llega el dios de la iglesia *maradoniana*. Ahora será él quien deberá quitarse de en medio cuando aparezca Mullër con la victoria como contraprestación a un ego más diminuto. Ya está dicho, el destino es un niño que juega a los dados.

Así son las relaciones entre los dioses y los hombres. Y mientras escribo de la melancolía de esos dos grandes países que tantas esperanzas de vida feliz ponen en el fútbol, pienso en el fondo si no será mejor para ellos perder que ganar, si no será bueno que otra vez los éxitos futbolísticos no sean la hermosa envoltura, llena de faralaes y neones apabullantes, de una realidad social desesperada en la que gran parte de la población tiene como amigo íntimo a la pobreza.

Ayer sentí cierta angustia, mucha tristeza ajena al ver ancianos y niños brasileños desdeñados por la alegría (en ese país tan alegre), y aunque sus lágrimas eran congojas nacidas en la fuente de la derrota, mi pena más honda, lo que me desgarraba las entrañas, era saber que muchos de esos aficionados se acostarían esa noche y dormirían, para olvidar las penas, con las ratas y con el hambre.

Pero la vida es así y no se puede cargar al fútbol algo que va mucho más allá del fútbol. En todo caso, muchos argentinos y brasileños que viven en España habían puesto una esperanza de gozo en sus selecciones nacionales. Habían cambiado sus sueños personales por los sueños colectivos, y esos sueños se quedaron tirados en la cuneta del tiempo, allí donde se acumulan rastrojos que luego el viento termina diseminando.

EN UN LUGAR DESCONOCIDO

Mentiría si te dijera que estoy tranquilo –le dije a José María, quien estaba a mi lado engullendo un trozo de lomo.

Pero él no me respondió porque su talante es tan optimista que no es dado a alimentar ningún género de dudas cuando se habla de cosas importantes, o en las que cree mucho, como es el caso de esta selección de toque que, hasta ahora, nos va entregando su fútbol sublime con cuentagotas. José María, el amigo con el que voy de senderismo todos los sábados, es un irreductible optimista.

Carme, su mujer, suele contradecir sus efluvios positivistas con datos y opiniones que tienen la presunta etiqueta de pretender estar pegados a la realidad.

En este caso, convino conmigo en la intranquilidad por nuestro futuro en el Mundial:

–Va a ser muy difícil. Siempre que vamos de ganadores perdemos. ¡Este Estado español es tan trágico!

Ella es catalana. Lleva mucho tiempo fuera de su patria, pero va mucho por allí. Vende material de oficina, y como tiene buenos contactos en la Generalitat, viaja mucho a Barcelona. Por eso, aunque vive lejos de su tierra, está al tanto de todo lo que pasa en ella.

Carme no es de esos nacionalistas catetos, profusos en despreciar todo lo que no huela a butifarra. Pero sí tiene claro que eso de separar España y Cataluña, desde un punto de vista lingüístico, es lo correcto. Y cuando no hay más remedio que concebir a Cataluña dentro de España, por razones administrativas o legales, el maridaje queda mejor dentro del rótulo Estado español.

–¡Qué coño Estado español, España, leche! –le grita José María con sus habituales aspavientos rupestres, campesinos, pues cuando entra en disputas le sale siempre el tono del arte campestre de sus antepasados, arte expresivo de gracia popular que se entiende por las llanuras de Montiel y Tomelloso, adonde van humoristas famosos a escuchar las chanzas, consejos y proverbios de los lugareños.

–Los catalanes no dejáis de tocarnos los cojones. Parece que no os gustamos mucho –continúa diciendo José María mientras tuerce la boca hacia la derecha, enseñando el típico gesto socarrón de su tierra.

–Vale, vale, –intervengo–, algún día tendremos que creernos que vivimos en un país diverso y plurinacional. Los nacionalistas tendrán que entender los valores comunes de lo español. Y los españolistas tendrán que aceptar una realidad de diferencias que la democracia protege. No pasó así en otros tiempos.

Y ella, Carme, ojos grandes azules, boca carnosa, mirada inteligente, cuerpo espigado tipo pasarela Cibeles, ya está dispuesta para entrar en la disputa.

Pero cuando la conversación puede desviarse por esos infructuosos derroteros aparece Francín, mi mujer, cortando de tajo el habitual guirigay hispano (y catalán) en las tertulias, con el fuerte ¡gluk! que produce el corcho de la botella de cava al dirigirse como un cohete al techo. En ese momento todos nos callamos y miramos al cava.

Entonces la suave guerra finaliza. Además, está a punto de comenzar el partido de España contra Paraguay. Nuestros ojos y nuestra mente ya no tienen otra obsesión que gozar del partido, de lo que esperamos sea el primer peldaño de una escalera que ha de llevarnos a los territorios de la gloria.

–Si ganamos, estaremos donde nunca hemos estado –dice José María. Lo dice antes de dar el primer sorbo de cava, con cuyo suave y maravilloso bouquet todos estamos de acuerdo.

Estar donde nunca se ha estado, ¡qué maravillosa expresión! Vuelvo a alejarme de lo que me rodea para dialogar con mi mente. Ahora lo escribo, pero las palabras ya nacieron y se quedaron grabadas en mi cerebro en esos momentos de brindis por la amistad. No se me va de la cabeza la atractiva frase que acaba de decir José María. Siento que en la acumulación ordenada de esas letras existe un mensaje extraño y vigoroso, un latido de vida inescrutable que siempre está latente en la despensa del alma.

Ir a donde nunca se ha ido, estar en donde nunca se ha estado. Y por tanto, conocer lo que nunca se ha conocido. La frase se ajusta a un momento futbolístico de España. La frase sirve también para concebir una metáfora metafísica de la vida. Cuando hayamos vivido todo, igual nos vamos a un lugar en el que nunca habíamos estado. Cualquiera sabe.

En lo futbolístico, sin embargo, los conceptos son más diáfanos. Hasta ahora siempre caíamos en cuartos. Luego rumiábamos con la desesperanza incrustada en nuestras neuronas, preguntándonos qué se hizo mal para evitar la gloria. Pero esta vez, como ha comentado José María, es posible que vayamos hasta donde nunca se ha ido.

Y creo tan aguda y misteriosa la frase, que su fuerza emotiva se salta todas las esquinas de su significado, hasta imponerse con un enorme atractivo sobre ese escepticismo que, por mucho que crea en algo, nunca se me muere del todo.

Quizá pueda ocurrir que un día vayamos todos adonde nunca hemos estado. Y quizá ocurra que con la percepción de ese territorio, de ese país sin descubrir, sepamos que estuvimos viajando siempre, y que no sabíamos que donde queríamos llegar era allí, a un lugar que esta vida no tiene, porque está en otra página del tiempo. No sé por qué mi cabeza se va por esos derroteros. Debe de ser porque esto es fútbol y literatura. Y a veces la literatura se apodera del fútbol y lo vuelve más grande.

Pero ahora, hoy, en este verano que por fin se ha dignado convertirse en normal, adonde nunca ha ido la España futbolística es a la semifinal de un Campeonato del Mundo. Al menos no con este formato, porque con otro distinto, con una liguilla final, España quedó cuarta del mundo cuando se produjo aquel archiconocido gol de Zarra. Con un hábil gesto, el vasco tira al portero para la izquierda, y frente a él, da un suave toque que lleva el balón hacia el fondo de la red.

Sí, si ganamos estaremos donde nunca hemos estado, querido amigo. Y ahora recuerdo que cuando veíamos el partido los dos matrimonios, durante la primera parte nos vimos en el lugar de siempre, en el destierro de siempre, después de Cuartos al avión, a las vacaciones, a los vestuarios del verano, a sentirnos una vez más juguetes del azar por demasiados hechos desafortunados. Penaltis no pitados, fallos clamorosos, como los de Cardeñosa o Julio Salinas, narices rotas frente a la astucia y la dureza italiana, como la de Luis Enrique, que lo recuerdo ahora en el televisor llorando y manando sangre de sus narices, con tanta abundancia, que nos hizo creer que le habían roto todas las venas de la cabeza.

Los paraguayos nos estaban ahogando.

–Ésta no es la España de la Eurocopa –comentó José María, abriendo sus brazos a la manera del Mesías, mostrándonos unos bíceps elegantes, sólidos, sin protuberancias culturistas, producto de la práctica de su deporte favorito, el boxeo.

–Esperemos, esperemos –dijo Francín, mi mujer, después de sorber un trago de cava, fresco, fresquísimo, que el vino blanco o espumoso hay que tomarlo casi congelado, en ese punto en el que entra casi helado y en la lengua recupera vigor y comienzan a florecer todos sus aromas y suavidades.

Mi mujer se llama Francisca, pero una amiga algo pija, en el buen sentido de la palabra, se empeñó en llamarla Francin durante unas vacaciones familiares. Y bien que consiguió su objetivo. Pues desde entonces pasó por la pila bautismal de los apodos y mis hijos comenzaron a llamarla así. Y después yo, y después todos aquellos que nos escucharon llamarla de ese modo, menos su madre, para la que siempre será Paqui, porque esa palabra, tan esencial para ella, ya la tiene grabada a fuego de hierro inmortal en la parte de su cerebro que agrupa la memoria y la nostalgia.

–Vamos a brindar por la victoria, aunque se vea lejos. Tengamos esperanza. Paciencia y esperanza, como dicen los abogados a los juicios difíciles y de incierto futuro –les dije a todos levantando la copa.

Y brindamos por una victoria, que aunque era anunciada, la terca realidad estaba dificultando demasiado. El juego de nuestra selección era lento y predecible. Nuestro ágil, inteligente y solidario centro del campo estaba disperso y sufrido, lleno de cardenales por las patadas de los paraguayos y sin encontrar ese ritmo rapidísimo en los pases que tanta admiración ha levantado entre los técnicos del mundo.

Los paraguayos estaban cumpliendo todas sus amenazas guerreras. Funcionaban en el campo como ágiles guerrillas dispuestas a acuchillar a todo aquel que se acercara a sus territorios almenados. Se percibía que habían ido al campo a morir en el empeño de ahogar al enemigo, si fuese necesario.

Además, de vez en cuando, aparecían por nuestro territorio y distribuían el miedo a la derrota por los hogares españoles.

–¡Uf! La cosa no pinta bien -dijo Carme cuando ya el primer tiempo sólo tendría la vida de la memoria, y todos seguíamos esperando a aquel equipo que tanto nos había ilusionado.

–Tranquilos, que en el segundo tiempo saldrá nuestro juego. Estos paraguayos no pondrán aguantar físicamente tanto desgaste –añadió José María cuando se levantaba para ir al servicio y hacer un pis que se había estado aguantando, según me dijo después, desde el principio del partido. También quería fumarse un cigarrillo fuera. Mi amigo es hombre respetuoso con el derecho al oxígeno limpio de los demás. Salí con él.

La noche era hermosa. El cielo estaba despejado a esa hora, a pesar de que durante el día, el fuerte viento del noroeste nos trajo unas nubes que seguro tenían en sus panzas blancas las aguas casi siempre enrabietadas del Cantábrico. Pero al anochecer todas las nubes se fueron de excursión hacia los mares del sur, quizá para volver a su cuna salada, de donde hace días, o meses, merced a huracanes briosos y aterrizajes de un sol impío, tuvieron que salir hacia los cielos azules de La Mancha.

La noche era hermosa, muy hermosa. Tan hermosa que daban ganas de irse por una senda rural que está enfrente de mi casa hasta el campo profundo, donde no hay luces artificiales y se ve el universo limpio, en toda su densidad de pulsos lumínicos, como una inmensa cueva de Atapuerca que tiene dentro todos los momentos perdidos de la vida.

LOS MILAGROS DE SAN CASILLAS

Vamos dentro, que va a comenzar el segundo tiempo –me despertó José María del predominio de mis fábulas.

Y volvimos a la esperanza. Con los platos de lomo, ja-

IKER
adidas

món y queso repuestos, pues la ansiedad da hambre, y nosotros estuvimos presos de la ansiedad durante toda la primera parte. El jamón y el lomo pagaron la sonora congoja, así que hubo que reponer para poder seguir gozando de la gastronomía como contrapartida a los malos presagios del juego de España.

Todo siguió igual hasta que llegó el amargo instante del penalti. Todos los vimos en nuestra cabeza de manera unánime. Gol de Paraguay. Luego los paraguayos se encierran atrás, poniendo en la portería el autobús, la muralla china y las pirámides de Egipto si es necesario.

–Esto se acaba Manu –me dijo ella, Francín, el amor de mi vida, acariciándome la sien y consolando con una inmensa dulzura los primeros brotes de tristeza que ya me iban apareciendo. Ella lleva tanto tiempo a mi lado que conoce como nadie la debilidad congénita de mis entrañas. Sabe que con poco se me pone el alma demacrada. Sabe demasiado bien cómo mi sensibilidad se vence con cualquier abordaje que lleve la palabra decepción en las espadas.

–¡Lo va a parar Casillas! ¡Tranquilos, que lo va a parar Casillas!

José María gritó y se fue a la calle. No podía ver, sin despedazarse las uñas con los dientes, el desarrollo de ese acto tan definitivo de la obra. Aprovechó para fumar otro cigarrillo. Los nervios le destrozaban el estómago en los instantes previos. Pero llegó a la conclusión de que mal estaba si veía tirar el penalti, pero peor si no lo veía. Por eso se quedó en la ventana, mirando desde fuera, con los dedos cruzados y un cigarro en los labios.

¡¡Y Casillas paró el penalti!!

–¡Toma, toma, toma…! –se oyó gritar a José María desde la calle.

Nosotros también gritamos y Francín y yo nos dimos un largo abrazo que fue seguido también por nuestros amigos. Todos nos abrazamos, sabiendo que el llamado San Casillas, había vuelto a obrar uno de sus famosos milagros.

Luego pasó lo que pasó, aquel enredo de nuevos penaltis y fallos. Pero Villa también quiso tener la aureola de santo en su coronilla. Marcó el gol definitivo.

Al cabo, el destino echó el telón abajo en la farsa. Pero lo hizo una vez que nos hubo coronado como vencedores en el partido más difícil del Mundial. Al menos hasta ahora.

Alemania, la semifinal, nos espera. Al fin llegamos al lugar en el que nunca habíamos estado.

44

Diario as | lunes, 5 de julio de 2010

COMO INFLUYERON LOS CAMBIOS DE DEL BOSQUE

España - Suiza (0-1)

España - Honduras (2-0)

"Ahora es moment
para seguir soñand

...o en serios ..., pero se rehizo. Casillas calló ma ledicencias, Villa se elevó a pichichi en solitario, s... más que a...

...siempre un ...intensidad por debajo de Paraguay. Y sí, por fin apareció el equipo.

Viene A Vic...

V
A
d

LFREDO
ELAÑO

Cas...

Empezó la j... Alemania s... fieso que me im... mí que impresio... se presentaron a... en caso de pasar, iban a encontrar... estaban jugando l... cuartos, y resulta... salió respondón, c... dificultaba los mov... y con cierta amena... En la primera parte irreconocible. No ti... bueno que sacó en... para mí injusta, del...

...NDO AL PARTIDO
...TRAVESÓ UN
...N QUE DURÓ TRES
...TOS: PENALTI..."

M SELECC...

JOACHIM LÖW SE...

"Esp...
solo...

El seleccionador ...
este Mundial • "...

Pasaport...
al paraís...

España se clasificó...

...UAY	ESPAÑA
0	1
	Casillas
	S. Ramos
	Puyol (84')
	Piqué
	Capdevila
	Busquets

12 mundial 2010 ALEMANIA-ESPAÑA I SEMI...

...ichichi del Mundial repasó ayer, en Telecinco y el diario italiano La ...mpa, la trayectoria de la Selección, sus sensaciones y cómo ve el ...tido ante Alemania. Éste es un amplio extracto de ambas entrevistas.

Villa

"Sin el Mundial, es como ...no haber hecho nada"

...ELECINCO Y LA STAMPA
...A TRANSCRIPCIÓN

¿Cuántas veces se ha ...ellizcado por lo que está viviendo: España en semifinales ...y usted pichichi?

—Es la selección más fuerte del Mundial, pero confiamos en nosotros y sabemos que tenemos mimbres para ganarles. Seguro que no estarán contentos por volver a enfrentarse a España.

—Se repite la fi... copa. ¿Cuánt... echado la vista... imaginado en e... no pudo estar ...

—Para mí el p... na es especia...

...Alemania es espectacular, ...se verá una bonita batalla"

...la que... Arago... que e... Nos c... marca...

2 LUNES 5 JULIO 2010 MUNDIAL 2010
SELECCIÓN FALTAN 2 DÍ...

Cruzcampo DISFRUTA DE LA RO...

LA ROJA SE RINDE ANTE SU GRAN CAPITÁN

"Casillas es Dios"

Sus compañeros alucinan con el enésimo milagro de San Iker
• Algunos le ven como el mejor futbolista español de la historia

España se cruzará con Alemania 737 días después de la Eurocopa

El gol de Torres en Viena nivela un historial favorable a los germanos

LOS ESPAÑA-ALEMANIA

CON ALEMANIA

29-06-08	Eurocopa 08	**España**-Alemania	1-(
12-02-03	Amistoso	**España**-Alemania	3-1
16-08-00	Amistoso	**Alemania**-España	4-1
22-02-95	Amistoso	España-Alemania	0-0
21-06-94	Mundial 94	Alemania-España	1-1
12-04-42	Amistoso	Alemania-España	1-1
23-02-36	Amistoso	España-**Alemania**	1-2
12-05-35	Amistoso	Alemania-**España**	1-2

PJ G E P GF GC

«De alguna forma, el entrenador nunca es feliz del todo»

a página ... grupo con una base hecha, y yo no ... pecto a la jugó la final de la Euroco- ... P.– Por ahora...

FALTAN ... DÍAS PARA ALEMANIA

FALTA 1 DÍA PARA ALEMANIA

DE ANTE LA CALIDAD INDIVIDUAL DE LOS JUGADORES DE LA ROJA

ña no tiene a un Messi, sino a 11"

nán alaba a la selección, pero se ve un peldaño por encima en
mos motivos para pensar que pasaremos a la final", advierte

ADOR DEL FÚTBOL QUE PRACTICA LA

DEPORTES MUND

La otra España también gana

Los cambios introducidos por Del Bosque han hecho que se resienta la producción ofensiva, pero la oportunidad de ganar un Mundial es única

Alemania se mira en el espejo de España

El técnico germano es un fan de Xavi e Iniesta • La Federación teutona ha c

EL TABLE

QUIQUE SETIÉN

En contra de lo espera
guay no se atrincheró e
Llevó la presión a todo
Apretaron la salida desd
y se replegaron con v
cuando fue necesario. C
y Puyol atenazados, Bu
Alonso muy apretados,
Iniesta desplazados, al
Del Bosque le costó des
se una barbaridad.
Y es que España ha m
es la misma de los últin
Seguimos ganando pero
vando. Los ajustes inser
dea original nos han vu
los. Hemos cogido mi
njusticias. A los equipo
omo Suiza que contragolpean
na vez y te marcan. Suponemos

MUNDIAL 2010

España 1 0 Paraguay *Rumbo a la gloria*

Cruzcampo DISFRUTA DE LA ROJA Cruzcampo DISFRUTA

CASILLAS Y VILLA CONDUCEN A ESPAÑA AL SUEÑO DE LAS SEMIFINALES

El fin de la maldición

El portero de las grandes citas reaparece al parar un penalti y salvar el empate de Santa Cruz • El delantero rompe con su gol el perfecto entramado guaraní • La entrada de Cesc revitaliza a una selección que sufre

centaje altísimo del mejor Iniesta en la derecha. Con Busquets ... era un acto heroico. Todo lo ... poderoso delantero paragua...

«Nuestra Selección sale a campo abierto, se busca, recorre el territorio, se solidariza en un esfuerzo colectivo que tiene once cabezas y veintidós piernas que saben en cada momento cómo tienen que ocupar los espacios».

7 de julio, miércoles

MIRADAS DE LUZ

Ya no os necesito, pájaros de la memoria. Os devuelvo a vuestra jaula de sombras. El aire fresco de la realidad me ha vencido la mente. Ya no os necesito para ver aquello que mis ojos desean y la maldita realidad no quiere mostrar. Ahora es ella quien ha ganado la batalla. Todas las imágenes que rescaté del pasado, montado en aquel pájaro gigantesco de la memoria, han vuelto a ser, o mejor, han nacido de nuevo para ser en su propio tiempo. Para crear un gozo sin memoria. Para resistir y vencer en su propia guerra, la que se fue conformando batalla a batalla, partido a partido, decepción a decepción y, cómo no, esperanza a esperanza.

Ha triunfado la búsqueda de lo sublime, el rastreo incansable de ese estado en que se sabe, sin lugar a dudas, que se está en manos de la creatividad. Cuando ocurre, es imposible no creer que está ocurriendo algo maravilloso. Todas las piezas encajan, saben ejercer su movimiento necesario para que el motor funcione con una precisión milimétrica.

Os podéis volver a vuestros nidos de recuerdos, pájaros de la memoria. Ya no necesito la memoria. Hoy he visto el juego perdido. Fue tan enorme la sensación de que aquel partido se iba a ganar, que el enamorado Michael Robinson pudo decir, desde que comenzaron a sonar las primeras notas de la orquesta, que aquella sí era la España que nos había enamorado. Además, sólo con mirar los rostros de los jugadores nos dimos cuenta de que sabían todo lo que iba a suceder. Me fijé en sus caras en el túnel de los vestuarios, cuando salían al campo detrás de la enorme bandera de la FIFA, acompañados por niños que tenían su cerebro lleno de luces y sus ojos de sueños, y en ese ceremonioso momento en el que sonaron los himnos. Observé con minucia todos los rostros de nuestros jugadores y vi que llevaban escrita en su cara la palabra victoria.

En el rostro seco y guerrero de Capdevila se percibía una leve sonrisa de victoria. También un toque preciso de malas pulgas, que sepa que quien avance por su banda no encontrará un buen recibimiento. En los ojos maduros, profundos, llenos de mirada analítica de Xabi Alonso, pude observar el gesto atento del general que se sabe todos los pormenores de la batalla. Tenía una mirada cristalina, pues mostraba de manera tenue cómo la maquinaria profunda del cerebro estaba repasando las estrategias, ordenando las tácticas aprendidas y analizando el campo para situar en él todos los futuros movimientos.

Sergio Ramos había eliminado de su cara todas las muecas. Se percibía en él la imposibilidad de que cualquier pensamiento ajeno al partido pudiera florecer en su mente. Su seriedad mantenía a la vez el gesto militar del guerrero espartano, pómulos, barbilla, nariz, todo con la dureza enjuta que muestra un orden de músculos apretados, presto para iniciar el combate. Al salir, Xavi miró la hierba, observó su territorio, estuvo un brevísimo instante analizando y pensando, moviendo ideas con los ojos llenos del maravilloso verde que pisaba. Cuando levantó los ojos me di cuenta de que albergaban una hermosa serenidad. Tenía el partido en la cabeza.

Antes, en el túnel, Vicente del Bosque compuso una sonrisa paternal. La que siempre tiene. La luz le estallaba desde los focos traseros, y se metió por todos sus cabellos, iluminándolos, generando un brillo limpio, componiendo una bella metáfora luminosa que iba a ser el primer verso del poema de la noche. A su lado, Joaquín Loew tenía la mirada perdida en un horizonte que no podía ver.

Pedro atenazaba un rosario de días adolescentes en todos los gestos que escondía. Los escondía, sí, pero se le escapaban de la cara. Quería poner cara de persona madura y experimentada a la que ya casi nada le hiere. Pero el nerviosismo adolescente le estallaba en su cara de niño bueno. Y aunque él no quería sentirse en el país de las maravillas, sí estoy seguro que pensaba en que sería capaz de maravillar a los cientos de millones de ojos que verían sus carreras por la banda. Piqué, serio, como procede en un defensa potente, tenía sus ojos azules más maduros y decididos que nunca.

Escribo ahora, cuando he llegado a casa y la épica, la belleza y la maravilla del partido dan golpes de vida en mi cerebro. Escribo de un tirón lo que mis sentimientos me dejan escribir. Porque además de un gozo técnico, esta selección es un gozo sentimental.

Lo vi en el bar de siempre, con mis amigos Luis y Urbano Cerruti. Segundo también estuvo con nosotros. Desertó de la barra. Aquello no le gustó mucho al *Chavalón;* por eso, su mirada era más «asesina» que nunca, sobre todo cada vez que se acercaba a la mesa para reponer jarras de cerveza y miraba a Luis. Pues Luis fue el causante de la deserción de Segundo. Insistió tanto en que se sentara con nosotros, que Segundo, pensando en que quizá podría perder la mariscada prometida, aceptó. Se quitó la pajarita y la guardó en un bolsillo. Desabrochó los botones de la camisa blanca, parando cuando comenzaban las primeras estribaciones de su selva de pelos y dijo, antes de sentarse con nosotros:

–¡Qué trabajen los pobres!

EN EL NOMBRE DE LA BELLEZA

He aquí la madre de todas las batallas, diría el espectro de Saddam Hussein desde el lugar en el que se encuentre, quizá en los calabozos del otro mundo, porque digo que si hay malos, en el otro mundo tendrá que haber calabozos. Y tendría razón. Ya sé que la madre de todo eso ha de ser la final, pero como quien no gane hoy no sigue, para el perdedor sí será la batalla de las batallas. Para el que no gane será también la batalla del siglo, y para el que gane, es decir, para nosotros, el partido de la Final sí que será el verdadero partido de los siglos de los siglos.

La verdad es que en mi vida he visto muchísimos partidos del siglo. Y eso es porque el deporte es multiplicador *ad infinitum* de las batallas únicas como expresión de la vigencia de ese imperio de la testosterona que toda pugna significa.

Pero éste que jugábamos sí era un verdadero partido, único, del siglo. Pues estábamos donde nunca habíamos estado, y si ganábamos, llegaríamos adonde nunca habíamos ido. Ya lo dijo mi amigo José María. Así que esta vez, todos los adjetivos grandiosos tenían la virtud de quedarse pequeños, cuando, en otras ocasiones, tendrían el vicio de una opulencia expresiva que haría sentir vergüenza al mismísimo Rabelais.

–¡Manuel, despierta, que vamos a ganar, cojones! –dijo Urbano Cerruti, discípulo de Cela en el uso de expresiones populosas.

Y me despierto de mis pensamientos, porque entonces, antes de comenzar el partido, en el umbral de los himnos, como ya sentía que nuestros jugadores llevaban la victoria escrita en la cara, estaba pensando más en la literatura que debería encontrarme al final de la gesta que en los pormenores del momento.

Pero esto es una novela, escrita sobre la realidad, y ya estamos recorriendo los últimos capítulos. Así que debo dar vida a la trama que en este caso se aleja de su acepción de intriga o enredo para quedar mejor definida como argumento.

Un argumento que comienza en el escenario del *Bar Juani,* donde esta noche se ha reinventado el camarote de los hermanos Marx, pues hay tanta gente que algunos han tenido que salirse fuera para ver el partido detrás de los ventanales. Ese escenario ya lo conocemos y recordamos. Es el típico bar español en el que mucha gente suele hacer su vida. Son muchos los parroquianos persistentes, los que ya han constituido como gesto básico de su existencia una postura vital. Poner el codo en la barra, cruzar las piernas, cerrar el

puño del brazo de la barra y ponerlo en la mejilla para que ejerza de columna de carne. El periódico abierto, enfrente, salva los ratos ociosos, esos momentos de la mañana, o de la tarde, en que apenas hay gente y hay que tragarse los deseos de conversación. ¡Menos mal que está el periódico para salvar la soledad!

Segundo sabe que a los parroquianos persistentes no les gustan los días como hoy. No, por supuesto, por el partido, sino porque aparecen demasiados infieles desconocidos, personas a las que nunca habían visto por aquí. Y como el asiduo siente que ese bar es su territorio particular, gruñe un poco por dentro, como los perros gruñen y ladran por fuera cuando alguien al que no conocen se acerca a esa parte de tierra en la que ha dejado, como seña de propiedad y jefatura, el olor de su orina.

No, por favor, nadie vaya a creer que los asiduos parroquianos sueltan su orina jerárquica por las esquinas o por las inmediaciones del bar, que son gente civilizada y eso lo hacen, como todos, en la sufrida *toilette*. Pero que aparezca tanta gente desconocida no les gusta. Saben que esa comodidad vital de la que disfrutan en el bar de siempre será arrasada por el tumulto.

Pero hoy, cuando juega España, el gran partido que esperamos dé paso a otro más grande, todo está bien. La enorme televisión de plasma preside con tanta hegemonía el local, que aunque uno se encuentre ensardinado en una esquina casi furtiva, rodeado de cabezas y brazos, con un poco que levante la suya podrá ver el partido sin que la retina se pierda ningún segundo de juego.

Pero todas estas apreturas nada tienen que ver con nosotros. Estamos como marajás sentados en la mejor mesa del salón. Que nadie olvide que Segundo ha desertado de la barra y nos acompaña. Comienza el partido.

–Bueno, a ver qué España vemos hoy –comenta Urbano Cerruti en mi oído mascando una patata *chip*. El desgarro de la patata *chip* suena en mi tímpano como una sinfonía de cremalleras gigantes que se cierran y se abren.

–Que vamos a ganar, coño –asegura Segundo con la certeza de quien ya hubiera visto el partido y sabe el resultado pero no quiere desvelarlo para mantener el suspense.

–¡Claro que sí, cojones! –exclama Luis mientras nuestra Selección recupera el Jabulani, pues le tocó sacar a Alemania, y comienza a tocar el vals de las sombras en el centro del campo.

Y no van por mala senda los vaticinios. Pues en los pocos minutos que han transcurrido de partido, todos, con seguridad todos, ya nos hemos percatado de que esa es la España de ayer. Los alemanes se guarecen en sus búnkers, se amurallan. Nuestra Selección sale a campo abierto, se busca, recorre el territorio, se solidariza en un esfuerzo colectivo que tiene once cabezas y veintidós piernas que saben en cada momento cómo tienen que ocupar los espacios.

–¡Uuuuuuyyyyyyy...! –comienza el primer grito de unánime avaricia sonora.

Estamos en el minuto seis, pero como consecuencia del predominio de la esencia de nuestro juego, Pedro se planta enfrente del portero alemán. A punto está de marcar. Sólo el cuerpo grande y ágil del teutón lo impide.

Se percibe que ese primer acto de invasión ha conseguido subir nuestra adrenalina por las nubes.

–¡Otra caña, *Chavalón!,* que vamos a ganar, ¡cojones!, esto sí me suena a música conocida –pide Luis después de un largo trago de cerveza. Estuvo como dos minutos mirando el ventilador del techo y, cuando terminó, golpeó con la jarra la mesa al estilo teutón.

–Así beben los alemanes –señaló Urbano, a quien la rica poesía que estaba creando aquel encuentro le alimentaba el alma, según me dijo después, al acabar el partido.

El bullicio, el mercadeo de ánimos, el silencio sepulcral que precedía a las ocasiones de gol, todo lo que en aquella noche tenía la evidencia de lo real, llevaba en sus vértebras visibles o invisibles muchos kilogramos de felicidad.

Con cada ocasión que creaba España se venía abajo el local. Algunos inmigrantes que habían ido allí a ver el partido, quizá porque alguien les habló de las virtudes del plasma de aquel bendito televisor, gritaban de felicidad más que los nativos. Quizá es que necesitaban sonreír más que nosotros. O que estaban encontrando en aquel momento futbolístico una nueva patria con la que llenar de nuevo sus sentimientos.

En el minuto trece, Puyol, como un animal desbocado, se lanzó al balón, para cabecear un preciso centro de Iniesta. Y mientras el local se volvía a caer de gozosa furia me fijé en el rostro del portero alemán. Yo creo que ya intuyó que aquel búfalo imparable volvería por allí, y que esa vez el balón iría con tal fuerza que las redes, temblorosas y asustadas, tendrían miedo de perder gran parte de sus hilos.

Los jugadores suplentes se levantaban del banquillo y corrían hacia el césped con cada una de las ocasiones. Xavi se la da a Iniesta. Éste caracolea y deja un quiebro, parece que avanza, pero retrocede, y la cede a Capdevila. Capdevila serena el tiempo y cuando parece que va a avanzar por su banda, la entrega a Xavi, quien, sin mirar, ya sabe que Iniesta se ha ido por la banda. Se la envía precisa. Y cuando el manchego la recibe encara a Kedhira, intentando un regate que le habría puesto delante de Butt, pero el balón va a córner. Todos en el bar gritamos el nombre de Iniesta.

–Hacía tiempo, macho, que no disfrutaba tanto en un partido.

Segundo mira a la barra, feliz por tenerla a sus espaldas y poder disfrutar sin obligaciones de aquel maravilloso juego.

Michael Robinson estaba tan entusiasmado como cualquiera de los que estábamos gritando de alegría en el bar.

Y así seguimos todo el tiempo, disfrutando ocasiones, jugadas, toques... Parecía que estábamos viendo un partido de la *Play.* Al fin, el otro equipo perseguía sombras, espectros bajitos, agilísimos, desplegando un enorme movimiento en el campo lleno de belleza e inteligencia.

Cuando Puyol marcó el gol, haciendo ciertos los miedos del portero alemán, temblaron las gruesas cristaleras. Fue tal la fuerza del sonido que por un momento imaginé que vería el cristal hecho trazos estallando hacia la acera. Nos abrazamos con los rumanos y los rumanos se abrazaron con nosotros. Nos abrazamos con toda la gente que pudimos, hasta que el balón volvió a ponerse en juego y le entró a nuestro corazón un leve descanso, porque tanta intensidad emocional ha de tener algún que otro hálito de pausa.

–Ahora, a aguantar hasta el final, a defender con el balón –dijo Urbano, el más sabio de nosotros en lo futbolístico.

Y así fue, ya nos sabemos la historia. Lo que pasó después apenas importa, incluido el gol hecho que Pedro no dio a Torres. Daba igual. Estábamos en la Final. Ocurrió después lo que ya dije en otro capítulo, cuando soñé que ganaba España y la ciudad se dejaba vencer por el material de los sueños.

DAVID VILLA
7

«Nuestra alma necesita sentir que la posibilidad
de la hazaña, de la gloria, de lo inmenso,
rodea ese cuenco cotidiano de la vida y
le da el alimento fugaz de los sueños».

10 de julio, sábado

EL CAMINO COTIDIANO

Uno sigue con su vida, pero sabe que hay algo que le rodea que es diferente. Se levanta y se acuesta como siempre, porque siempre amanece y siempre anochece en una película que, hasta que el del Ojo Grande quiera, tendrá ese juego entre la luz y las sombras. Va al trabajo (porque es afortunado al tenerlo) y repite las mismas cosas, muchas veces, de manera casi instintiva. Es lógico. Si la pasión desmedida estuviera en cada segundo, si en cada instante del día viviéramos una interminable vorágine creativa, la vida sería una cascada cuya agua no cesaría de caer sin encontrar el fondo.

Se llama normalidad, pero para el común de los mortales, aunque no lo sepamos, es un lugar llamado paraíso en donde todo está colocado en su sitio, en el que todo es tan conocido que podrías reconocerlo con los ojos cerrados en la pantalla vacía de la mente. El mismo camino hacia el trabajo, los mismos rostros, el mismo espacio cotidiano que con el tiempo se ha grabado a fuego en el subconsciente y en el consciente, en el tiempo real y en el de la memoria. En esa cotidianidad se encuentra una paz sin nombre. Un ramillete de instantes que pasan como una película lenta de esas españolas de antes, en la que una respiración pausada se convertía en la acción decisiva de la historia.

Seguro que ante la enorme variedad de lo humano esto que digo es de un simplismo atroz. Pero sé que, con los años, cada vez va pidiendo uno menos. Y demasiadas veces lo que de verdad pide es contemplar un paisaje, poder encontrar el latido profundo del alma de la tierra que ve todos los días, poder vivir el amor con la sencillez de lo que no tiene miedo, con la pausa del que sabe que no tiene que correr a ningún sitio, porque ya está en el lugar que tiene su nombre grabado en las ventanas de la noche.

A veces uno sólo pide respirar sin sobresaltos. Que le dejen vivir, que no le compliquen, que pueda avanzar sintiendo la vida como una página escrita que tiene una hermosa y placentera lectura. Pide que el tiempo no haga daño, que las sombras frías no envuelvan la conciencia, sino que sean un refugio en el desierto del corazón, las cortinas de un lecho en el que uno llega, para poder descansar de la ardua batalla que la vida se ha acostumbrado a no dejar de levantar cuando las ventanas se llenan de luz.

Somos hijos de lo cotidiano, y bienvenido sea. Pero de vez en cuando, nuestra alma de raíz vagabunda, necesita que el roce de lo excepcional la despierte. Necesita sentir que la posibilidad de la hazaña, de la gloria, de lo inmenso, rodea ese cuenco cotidiano de la vida y le da el alimento fugaz de los sueños. Mañana será el día. Quiero soñar. Queremos soñar.

De Puyol al cielo

"Es el día
grande, (

M. A. LARA | DURBAN
J. HERNÁNDEZ | MAD

Carlos Puyol y
en la historia
ñol. El 7 de ju
pre quedará m
ginario colectí
el que la selec
gró, por prime
toria, clasifica
de un Mundial.
Evidentemei
compartido po
pero los hono
los lleva el inc
rón Puyol, aut
gol que nos ha l
del próximo do
Así lo recono
ro de equipo X
quien al finaliz
todavía eufóric
guido, afirmab
dad: "Hoy es el
No sólo por el go
el alma del equipo en defensa
Este reconocimiento, compa

MUNDIAL 2010

España 1 0 Alemania

Rumbo a la gloria

NUNCA HABÍAMOS LLEGADO TAN LEJOS

La primera gran final

España
ayer •

UNA INFORMACI
España roz
de los dedc
neta a Ale
superado l
de Brasil

10 de julio de 2010

4 mundial 2010 HOLANDA-ESPAÑA | FINAL

Optimismo
"Es brutal
estar aquí
y vivir este

Librillo
"España juega
parecido al
Barça y tiene

Pasado
"Lo pas
pero hay
que me
y me ay

RAFA APARICIO

ALANADA. *Las principales fuentes de Madrid, como la Cibeles, ya están valladas y vestidas con banderas y bufandas de la Selección desde ayer.*

Más de 250.000 hinchas verán la final en Cibeles

abrá cuatro pantallas auxiliares en el Paseo de Recoletos

LOS DATOS DEL DESPLIEGUE

El dispositivo. Lo formarán Policías (motos, Prevención, Reacción y Apoyo; caballería, brigada móvil, Subsuelo, Atención al Ciudadano y Helicópteros), Guardia Civil y Policía Municipal, agentes de Movilidad, Samur-Protección Civil, Cruz Roja y otros

al
ña

a fase de c
Eurocopa..
en los pen
ando las
aban a la ca
estas com
ueños deta
para arrib

—¿Qué razón hab
en las categorías
ganásemos todo y
de mayores?
—Era la pregunta d
sas). ¿Por qué en

Cruzcampo DISFRUTA DE LA RO

SERGIO RAMOS SU SUEÑO DE LA INFANCIA ESTÁ A SÓLO UN PASO

"Mañana jugamos 47 millones"

A Sergio Ramos (Camas, 1986) se le ilumina la mirada cuando habla de la final de mañana. Sabe que será dura, porque es algo que va dentro de la palabra final, pero

P. ¿Qué partido es el que se disputa mañana?
R. El de toda España. Es el momento de todo un país. Es el más importante de nuestras vidas, pero va más allá. Sentimos que

llo fue una locura, pero creo qu
todo eso se puede multiplica
por tres. Estamos ante algo his
tórico.

stórico, pero
campeones"

"Puyol se merece esto más que nadie"

M. A. L. | Es casualidad q
siempre que Carlos Marche
sale, aunque sea al final, Esp
ña gana: "Es anecdótico, c
mo siempre. El equipo está i
presionante". Marchena rec
noce que fuera del campo ta
bién se sufre mucho: "En
banquillo se pasa muy mal, p
ro merece la pena, hay que
guir soñando". Aunque no
do participar en el gol de P
yol que garantizó la clasifi
ción de España a la inédita
nal, el andaluz también
celebró y destacó que su co
pañero ha hecho mucho por
equipo: "Él, más que nadie,
lo merece", afirmó.

SERGIO BUSQUETS

"Respetamos a Holanda, pero no la tememos"

«Porque sólo el mar es más inmenso que la gloria».

11 de julio, domingo

NIEBLA DE ORO

Si me pides el corazón, te lo daré entero. Si me pides el alma porque crees que la he encontrado en un rincón de mi memoria, te la daré con un discurso tan poblado de sueños que seguro contendrá la vida de todo lo que acaba, o de todo lo que no puede comenzar a existir. Si me pides mis palabras, te daré todas las que tengo, y por tanto te daré todo lo que soy, porque en mí sólo existen palabras que arden dentro. Son la lava de un volcán que sueña con saber qué existe más allá de su roja oscuridad.

Si me pides la vida me la quitaré de los ojos y me la quitaré de las entrañas para entregártela envuelta en el papel de un libro. Un libro que antes de nacer ya me estaba estallando de presencia entre las manos, como si fuese una raíz en el vacío, como si fuese una sombra que busca su cuerpo. Un libro que todavía no existía pero que tenía todos sus latidos alrededor del fuego de la gloria, un libro que como la mano de un ahogado quería salir para que la cogiera y lo salvara de su inexistencia. Porque algo que no sé cómo se llama me decía que llegaría este día.

Muy sabio el destino ha querido que nos encontremos, lector, en este final demasiado hermoso de la trama. Yo, en esta distancia que sólo tiene palabras, y tú, con la imagen de

DANI JARQUE SIEMPRE CON NOSOTROS

jóvenes cuyos rostros se ven difusos porque los envuelve una niebla de oro. Las palabras de este libro tienen tal felicidad en sus letras y en sus conceptos, que quieren saltar desde sus páginas hasta tus ojos, para abordarte desde el corazón hasta la mente, y ser más tuyas que mías, porque al llegar a tu cerebro las palabras cambian de significado y de propiedad, y ya sólo serán lo que tú quieras que sean.

No me pidas que te cuente cómo ha sido este final que ya conoces. Ve creando la historia tú mismo, usa todas las imágenes que se hablan unas a otras en sus páginas, ordena los recuerdos como si fuesen ladrillos de días hermosos, y deja que tu mente se levante de ellas por un momento y se ponga a recordar, y se deje invadir por la luz de un estadio ovalado, que parece un ovni y despide infinitos rayos de luz, destellos que viajan hacia arriba, hacia donde llegan los ojos que quieren conocer el infinito.

Ordena lo que aún te queda dentro de este maravilloso día. Ve recorriendo todo lo que pasó con algo mejor que la memoria. Hazlo con ese hálito de vida que te nació cuando Iniesta quebró por fin todas las almenas de hierro que los holandeses habían puesto enfrente, para que lucháramos más y sufriéramos más, y así, el momento final pudiera ser más hermoso todavía.

Acaricia esta prosa con tus deseos, y apóyate en ella para conocer lo que sentiste en ese momento, cuando corrió el pequeño y pálido jugador hacia el banderín de la esquina, descamisado, gritando con algo más que la garganta, abriendo los brazos como el que espera recibir la esencia del mundo en forma de muchos abrazos. Abrazos de los jugadores, del equipo técnico, de los millones de españoles que estábamos en las calles, de sus amigos y de su familia, abrazos desconocidos de rostros desconocidos. Seguro estoy que sintió que todos ellos se unían en un único abrazo, el abrazo de un enorme país que se volvía un lazo de amor en la distancia.

Déjate vencer por las palabras y por las gestas que las palabras quieren contener en su inevitable bruma. Siéntelas vibrar en tus ojos, que estallen en tu mente como ese confeti que estalló en el viento cuando Casillas levantó la copa de campeones. Y el oro que la luz limpiaba en la noche dejó de ser una quimera. Fue la verdad, la verdad perseguida que siempre es más verdad cuando se consigue.

Todo lo que ocurrió es tan hermoso, tan grande, que sobrepasa las palabras. Pero tu corazón puede tener la expresión exacta. Ni tu lengua ni mi lengua puede decirlo con acierto. Tu corazón, mi corazón, sí pueden. Porque al sentirlo lo apresan y lo definen como es, con los únicos ingredientes que tiene, unos ingredientes que sólo pueden cocinarse en la cocina del alma.

LUCES EN EL MAR

Mientras estoy vagando por las calles, exultante como todos, gritando y abrazándome con la noche y con los cuerpos desconocidos, puedo recordar la angustia, el nerviosismo, la desazón, la tristeza que nos rondaba en un partido que se estaba poniendo difícil.

FIFA

FIFA
adidas
18

En la gran pantalla iban pasando las posibilidades de gol como perlas de un rosario que no se quería abrir. Las inmensas exclamaciones, los gritos, los lamentos por las ocasiones falladas se sucedían. Cuando pensábamos que llegaba el gol aparecía el pie o la mano del portero, o el balón se iba fuera lejos del poste. Todos nos sentíamos desolados. Y hasta las olas del mar, que estaban detrás de la pantalla, rugían con más pena.

Mira, Sergio Ramos está a punto de marcar con un impresionante cabezazo. Pero el balón no entra. Él se aprieta los cabellos y la frente. Pregunta a quien manda en el destino por qué aquel balón que iba dirigido a la red perdió su senda. La gente exclama de angustia, de sorpresa y de hambre de gloria. En los doce primeros minutos se mascó la proeza, pero no pudo ser. Después los holandeses, usando una dureza tribal, descompusieron a nuestro equipo.

No salieron a jugar al fútbol. Salieron a que nosotros no jugáramos. Los que inventaron la creatividad colectiva en este deporte, eran ahora expertos en el choque, en arrasar espinillas o en dar patadas en el pecho, como aquella de experto karateca que De Jong le dio a Xabi Alonso, cerca de los pulmones, al lado del corazón, haciendo temblar sus costillas, hasta la misma coraza del alma. Esa estrategia consiguió que nuestro juego no pudiera ser el sublime toque de orquesta conocido.

Gritábamos con nuestras camisas rojas contra el carnicero Van Bommel, sobre todo por la terrible paliza que le estaba dando a Iniesta. Y sufríamos cada vez que Robben cogía la pelota y se volvía loco corriendo como una bala hacia la portería, regateando hasta a los pobres recogepelotas que no sabían si quitarse de en medio o aplaudir el regate. ¡Vaya partido que nos dio el ex madridista! Cómo narices pudieron venderlo, si él sólo es capaz de descoser una defensa, de triturar un partido. Capdevila y Puyol tuvieron que unir sus fuerzas para contener al escurridizo huracán.

Y el pequeñajo ese de Sneijder, ¡qué ganas de hacer daño! Todo lo que movía tenía el veneno de una picadura. Pero salvo ellos, poco más demostró Holanda. Nosotros tuvimos múltiples ocasiones durante todo el partido. Cesc, Iniesta, Villa, Navas, todos pudieron haberse llevado la gloria del gol definitivo. Con cada una de esas ocasiones fallidas, en la calle, en los bares, en las casas, se nos rompían los pulmones de angustia.

EL HÉROE PÁLIDO

Pero tuvo que ser Iniesta quien marcara el gol, bendito destino. Dios que repartes los laureles, has sido justo. Iniesta, el más apaleado y el más inteligente, el más hábil, el elegido para protagonizar la victoria. El pequeño manchego partía la columna vertebral de los holandeses con maravilloso desparpajo. Y se iba cuando quería y los dejaba engañados buscando su espinilla con ahínco. Recuerdo un terrible pisotón de Van Bommel que a punto estuvo de romperle el pie. Menudo *tronchapiernas* el bárbaro holandés. Y qué habilidad para engañar al árbitro.

IS NOTHING

Si las gigantescas pantallas de las avenidas de nuestras ciudades, hubieran sido ventanas al Soccer City, habrían aparecido por el estadio millones de personas para gritarle *burro* en la cara. Cómo es posible que los árbitros no protejan el arte y den libertad de hachazo a tantos leñadores como hay en el fútbol. Pero Iniesta superó todas las emboscadas salvajes que le pusieron los holandeses. Y al final fue él quien consiguió la victoria.

Si se hubiera hecho una encuesta a los miles de millones de personas que estaban viendo el partido, sobre quién preferían que marcara el gol de la victoria, seguro estoy, sin ninguna duda, que la gran mayoría habría dicho el nombre de Iniesta. Por eso, cuando marcó, todo el mundo alabó su merecimiento. La balanza de la justicia fue justa. No lo es siempre.

En fin, aquí está el final. Un final glorioso. Un mes de literatura y fútbol. Finaliza ya el relato. Hoy me venido al lado del mar. Me he ido de mi lugar de siempre. He dejado a mis amigos por unos días y he cruzado por las calles de la ciudad de las minas, y siguiendo una llanura de cardos, encinas y olivos, he llegado hasta un valle que es la frontera entre la tierra que me tiene y los primeros paisajes que tienen el salitre en las hojas de los naranjos.

Sí, quería ver el mar, quería ver el partido en el mar, en una ciudad que tiene un puerto y una playa llena de barcas. Porque sólo el mar es más inmenso que la gloria.

Este libro titulado
La gloria al rojo vivo,
publicado por Editorial Eneida,
se terminó de imprimir en Madrid
el 12 de julio de 2010,
día en el que tuvo lugar el multitudinario
recibimiento a la selección española
tras ganar el Mundial de Sudáfrica 2010